U0964655

领导力

怎样让别人死心塌地跟随你

LEADERSHIP

萧七公子◎著

古吴轩出版社
中国 · 苏州

图书在版编目（CIP）数据

领导力 / 萧七公子著. -- 苏州 : 古吴轩出版社，2016.7(2018.1重印)
ISBN 978-7-5546-0720-6

Ⅰ. ①领… Ⅱ. ①萧… Ⅲ. ①企业领导学 Ⅳ. ①F272.91

中国版本图书馆CIP数据核字(2016)第155457号

策　　划：花　火
责任编辑：蒋丽华
见习编辑：单丽君
装帧设计：润和佳艺

书　　名：领导力
著　　者：萧七公子
出版发行：古吴轩出版社
地址：苏州市十梓街458号　邮编：215006
Http://www.guwuxuancbs.com　E-mail：gwxcbs@126.com
电话：0512-65233679　传真：0512-65220750
出 版 人：钱经纬
印　　刷：北京天宇万达印刷有限公司
开　　本：710×1000　1/16
印　　张：16
版　　次：2016年7月第1版
印　　次：2018年1月第2次印刷
书　　号：ISBN 978-7-5546-0720-6
定　　价：42.00元

如有印装质量问题，请与印刷厂联系。010-62406666

领导力——领导活动的灵魂

领导力是领导活动的灵魂，对组织的存在与发展有着极其深远的影响。一定程度上，卓越的领导力代表了优异的领导。因为，没有优异的领导力，就不会有优秀的组织，就不会有心甘情愿的忠实追随者。如果没有优秀的组织和忠实的追随者，那又何谈优异的领导呢？

这个结论看起来似乎有些夸张，其实不然，没有卓越的领导力，确实就不会产生高质量的领导活动。领导者领导活动的核心竞争力就是领导力，领导力是领导活动的灵魂，没有卓越领导力，领导活动注定黯淡无光。

成功的领导者往往并不总是一个模子，比尔·盖茨温文尔雅，如谦谦君子，属于一个学者型领导者，而史蒂夫·乔布斯则激情澎湃，气势夺人，属于狂热的梦想家式的领导者。尽管两个人的性格和行事作风截然不同，但他们却都拥有令人敬服的、卓越不凡的超级领导力，这一点相信没有人会提出反对意见。

每个组织都有位于不同层级的领导者，他们的职位、职责、职权各不同，但是相同的是他们都需要打造出卓越的领导力才能在各自的岗位上发挥出最好的领导作用。可见，没有好的领导力，就不会产生“有灵魂”“有生命力”的领导活动。

领导活动缺少了卓越领导力的支撑，就像一副被抽去了筋骨的躯体，没有了生机与活力。而有了领导力的支撑，领导活动犹如有了生命一般，变得生机勃勃，鲜活如新，也似乎有了一种吸引人的魔力，焕发神采，让人乐于加倍加量地工作，让人不计报酬甘心追随。

吸引人心甘情愿追随是所有优秀领导者的一个共有的重要特征，也是领导力的一个重要的外在体现。没有心甘情愿的追随者，就预示了领导者缺乏卓越领导力，所以是否有吸引力成了衡量一个领导者有无卓越领导力的重要尺度。

有大批心甘情愿的追随者同时也说明领导活动注定会轰轰烈烈，富有生机与活力。纵观古今中外，知名领导者莫不是追随者如云，也莫不在历史的舞台演绎出一场场纵横捭阖、荡气回肠的人生大剧。

本书结合心理学定律和优秀领导者的领导实践，总结出卓越领导力的主要特征，涉及领导者自我修炼、知人善任、有效沟通、制度建设、感情投资、团队建设等内容，使读者一窥领导力吸引人的真谛，从而真正掌握领导艺术。

目录

Contents

目录

Contents

第一章

领导力是什么
——领导力透视

领导力是什么？众说纷纭，有人说领导力是领导才能，可领导才能又指什么，则又说不清。实际上，领导才能不等同于领导力，两者在本质上有所差别。有人又认为领导力是一种号召力、一种凝聚力、一种管理力，这种说法正确与否？领导力究竟是一种什么样的力？它有哪些特征？又如何作用于人？读完本章，自然就会知晓。

沃伦·本尼斯

领导力就像美，它难以定义，但当你看到时，你就知道。

1. 领导力内涵：领导者的一种影响力

领导力是一种什么样的力？在过去几十年，人们似乎还不是十分清楚这个概念，至少没有人清晰地提出来。如今，领导力却成了热词，常常见诸各种形式的媒体。那么，领导力究竟是什么呢？事实上，领导力没有一个确切的科学定义。正如沃伦·本尼斯所说："领导力就像美，它难以定义，但当你看到时，你就知道。"

但是，绝大多数人认为领导力是一种影响力，美国管理学家哈罗德·孔茨就秉持这种认识。他说："领导力是一种影响力，或叫作对人们施加影响的艺术过程，从而使人们心甘情愿地为实现群体或组织的目标而努力。"

很多人都认为领导力就是管理能力，将两者等同起来，实际上这种认识是片面的，严格来说是不正确的。"停止管理，学会领导"，这是现代管理之父彼得·德鲁克向广大管理者发出的宣告。他又进一步说道："管理是把事情做好，而领导力则是做正确的事情。"

很多领导者将大部分精力投入到身份、地位的提高上，殊不知这种行为产生的后果就是将他们从领导者变为管理者，在地位和职位上都降低了一个层次。

这说明了什么？直接说明了领导者和管理者两者是不同的，也从侧面说明了领导力和管理能力是不同的，领导要比管理“更好”“更高级”。成为管理者容易，而要成为领导者，具有卓越领导力，则不是那么容易的事。

在此认识的基础上，很多人进一步认为：如果说传统意义的领导者主要依靠权力来达成自己的意愿，那么现代意义的领导者则更多是依靠其内在的影响力。这种内在的影响力就是领导力。

那么领导力究竟是一种什么性质的影响力呢？先来了解一下影响力，所谓的影响力，是指一个人在与他人交往的过程中，影响和改变他人的心理与行为的能力。而领导力，就是指在人际交往中、群体与组织中，领导者影响和改变被领导者心理与行为的能力。

对于领导者而言，要想加强领导力，就要想方设法加强自身的影响力。影响力研究权威、美国知名学者罗伯特·西奥迪尼说：“有很多人十分清楚影响力的武器在哪里，他们往往会熟练地利用这些武器达到自己的目的。他们在社会上闯荡，十分希望他人能按照自己的意志来行事，而且他们的这种愿望往往能实现。他们的秘诀在于他们知道怎样提出请求，知道怎样利用身边存在的这样那样的影响力来武装自己。”

领导者的影响力，即领导力，可简单地看成由权力性影响力和非权力性影响力两大部分构成。权力性影响力又称为强制性影响力，主要来源于法律、职位、习惯等外界因素，具有强迫性和不可抗拒性。

而非权力性影响力被称为非强制性影响力，主要来源于领导者自身的人格魅力，来源于领导者与被领导者之间的相互感召和相互信赖，具有深远性和持久性。

由于权力性影响力带有强迫和胁迫的意味，因此会造成领导者和被领导者之间心理距离过大，被领导者通常是被动服从，缺乏自觉性、主动性和积极性，而非权力性影响力则没有这种不足。因此，领导力的实现过程，更多地被看成是非权力性影响力的实现过程。

领导力的实现通常有三个阶段，即强制性服从、内化和个人认同。所谓强制性服从，是指领导者通过实现一种奖励或者惩罚的手段来达到对被领导者影响的目的。

内化是指被领导者不仅仅屈从于领导者的强制性命令，而且在内心也认同领导者的想法或者价值观，是由内而外地愿意服从领导者的命令。

个人认同则是在内化的基础上进一步积极与领导者“保持一致”，是一种更高程度的“内化”，心悦诚服地接受领导者指挥和领导。至此，领导者的领导力发挥出最高效力。

从上面的论述中，可以知道要想使领导力发挥出最大的效力，就要想方设法增强自身非权力性影响力。纵观历史，取得大成就的领导者，他们卓越的领导力往往并不在于他们手中握有的权力，而在于他们的人格魅力。它深深地吸引了众人矢志不渝地追随他们，心甘情愿地听他们的调遣和指挥。

领导者的地位和手中的权力是有限而短暂的，而个人魅力的影响则是深远而持久的。因此，要想让自己的领导力深远又持久，就要努力提升自己的个人魅力，取信于人，取悦于人，最终成功影响于人。

领导力箴言

◎领导力是一种影响力，是对人们施加影响的艺术过程，会使人们心甘情愿地为实现群体或组织的目标而努力。

◎非强制性影响力主要来源于领导者自身的人格魅力，来源于领导者与被领导者之间的相互感召和相互信赖，具有深远性和持久性。

◎领导者的地位和手中的权力是有限而短暂的，而个人魅力的影响则是深远而持久的。因此，要想让自己的领导力深远又持久，就要努力提升自己的个人魅力。

士光敏夫

领导者应去掉权力意识，对下级要以诚相待。

2. 领导力构成：权力影响力+非权力影响力

从宏观方面来看，领导力由权力影响力和非权力影响力构成。权力影响力又可以称之为“强制性影响力”，之所以冠以权力影响力（强制性影响力），是因为其影响力来自于领导者的职务、权力、地位等，是通过它们来使人服从，最终实现其目的，具有一定的强制性。

很多学者认为，权力性影响力的基础通常有3个方面：

（1）强制性

由于领导者具有“法定”的对下属的控制权，并有能力惩罚下属，使他们遭受痛苦和损失。下属为了避免惩罚而被迫服从领导者的意愿，接受领导者的管理。

（2）奖赏权

也是由于“法定”的权力，领导者可以奖励下属，只要下属满足领导者的要求，合乎领导者的意愿，就可能获得奖励。因此，下属为了获得奖励，而选择愿意接受领导者的管理。

（3）法定权

法定权源自人们的传统观念和社会规范。人们往往认为领导者被授予了合法的权力，那么他们就应该服从领导者的管理，接受其指挥。

情况通常是：一个领导者在组织中的地位越高，拥有的权力也就越大，则他所具有的权力性影响力也就越明显。

权力影响力大体上可分为规划力、决策力、组织力、激励和应变力。

（1）规划力

规划就是个人或组织对未来整体性、长期性、基本性问题的思考和考量，并据此来制定比较全面长远的发展计划。规划力就是关于这方面的能力。作为领导者，能够对事情，特别是对重大事情进行规划，以保证事情朝着自己预想的方向发展。

（2）决策力

决策力就是对所要处理的事情的一种判断、处理的能力。它可能是一种经过思考后的理性行为，也可能是一种条件反射、习惯反应或本能反应等非理性的行为。对于一个现代领导者来说，面对变幻多端的市场环境和复杂多变的经济形势，是否可以对问题进行准确合理的决断，关系到组织的生存发展。因此，科学正确的决策力是现代领导者必须要拥有的能力。

（3）组织力

简单说，组织力就是设计组织结构和配置组织资源的能力。组织力是团队的灵魂，有效地组织团队能够让团队利益最大化。领导者要具备较强的组织力，能够合理设计组织结构，科学配置组织资源，带领组织成员实现组织目标。

具备好的组织力可以让领导者获得下属追随的能力，领导者能够使追随者心甘情愿集合在自己身边，并引导他们自觉地沿着一定方向前进。

（4）激励

激励指激发人的动机和内在动力，使其心理过程始终保持在激奋的状态中，让人朝着所希望的方向前进。

激励是组织领导过程中必不可少的环节，是领导力的重要组成要素。领导者适当的激励能够促使下属更加有效地去完成工作任务，积极朝着组织目标前进。

（5）应变力

简单说，应变力就是随机应变的能力。应变力最可体现领导者思维的能力，因为社会发展日新月异，没有一种规章制度能适应所有的情况。面对变化多端的形势和环境，领导者要具备强大的应变力，及时调整、改进制度，使其适应新情况和新变化。

领导者要调整、改进的不仅仅是制度，还需要对人、财、物做出及时的调整，以改善组织存在的不足，努力使组织在变化中求得生存和发展。

非权力影响力又可以称为“自然影响力”，它不是通过领导者职务、身份、地位等对被领导者产生的影响，而是通过领导者自身的思想、品质、修养等对被领导者产生的影响。非权力影响力通常是深远而持久的。非权力影响力主要包括思想力、个人魅力等。

（1）思想力

思想的力量无比强大，“谋先事后者胜，事先谋后者败”，“思想改变行动，行动改变命运”，“世界上有两种东西最有力量，一是宝剑，二是思想，而思想比宝剑更有力量”。这说的都是强大的思想力。

领导者的思想力是领导者秉持的价值观以及对事情见解的体现。领导者应具有正确独特的见解和科学完善的价值观，并能把自己的价值观变成组织内外部的价值观，使组织更具有凝聚力，吸引他人追随。

（2）个人魅力

个人魅力是个人人格力量以及个人阅历、聪明才智所衍生出来的一种影响力。超强的人格魅力会像魔法棒一样具有吸引人的力量，会深深吸引住他人。它不会因个人权利变化而变化，也不会因位置的转移而消失，而是作为独立的个体而长期存在。

个人魅力对于人际关系有着非常大的影响。领导者若具备令人心仪的个人魅力，其一言一行都可能会对他人产生影响，都可能对他人产生一种吸引力，从而有助于人际关系的拓展。

领导力箴言

◎作为领导者，能够对事情，特别是对重大事情进行规划，可以保证事情朝着自己预想的方向发展。

◎领导者适当的激励能够促使下属更加有效地去完成工作任务，积极朝着组织目标前进。

◎领导者的一言一行都可能会对他人产生影响，都可能对他人产生一种吸引力，从而有助于人际关系的拓展。

李嘉诚

作为一个领导者，你不需要去管实际操作，只要懂得运用战略就行。管理指导是知人善任，但是前提则是让下属对公司有归属感，让他先喜欢你。

3. 领导力特质：吸引人追随的感召力

领导力由权力性影响力和非权力性影响力构成。从激发员工主动性和创造性的角度来看，显然后者更具有得天独厚的优势，是吸引他人甘愿追随的真正源头。

说到底，非权力性影响力是一种人格魅力，是吸引他人追随的一种感召力。感召力在希腊语中是“神的魅力”之义。其定义为：一种不依靠物质刺激或强迫，而全凭人格和信仰的力量去领导和鼓舞别人的一种能力。

由定义可知，感召力是通过内在感化产生的，是完全建立在自愿接受的前提下的。这与简单的上行下效有着本质的不同，它的源头是人格，是精神，是信仰，是它们共同作用的一个结果。

感召力是领导力的核心因素，也是领导力最重要的特质。领导者一个重要特征是有人追随，现代管理学之父彼德·德鲁克曾说：“领导者的唯一定义是其后面有追随者。这些追随者中有些人是思想家，有些人是预言家，这些人都很重要，而且也很急需。但是没有追随者，就不会有领导者。”

如果领导者能够吸引人追随，也就预示其有了感召力。因为只有有了感召力，才能够吸引人追随，领导力也才会形成。由此可见，感召力是决定一个领导者是否有领导力最为关键的因素。一个具有强大感召力的领导者，能够做到一呼百应，吸引更多的追随者。

阿里巴巴的灵魂人物马云没有漂亮的外表，没有傲人的背景，也没有强大的实力，却能做到让人愿意追随，不离不弃。这说明他有着十分强大的感召力。

马云自信乐观、幽默宽容，而且待人随和，他没有因为自己是老板，就颐指气使，摆出一副高高在上的样子。他尊重人才，爱惜人才，非常重视团队成员提出的意见和建议，并力所能及地给予团队成员最大的支持和帮助。

他认为团队成员的成功就是团队的成功，团队的成功也就是企业的成功，企业的成功也就是他个人的成功。所以他把帮助个人的成功等同于自己成功，给予其最大的支持和帮助。

正是马云为人处世的这种超然做法，使他拥有了非同一般的感召力。因此，许多人才都愿意唯他马首是瞻，与他合作，共创未来。

感召力要比职务权力对人的作用和影响更为深远，也更为有效。它可以有效地改变和影响被领导者的心理与行为，使其达到思想与行为的相对一致，从而形成统一的群体目标与行动。

此外，感召力还能够激发被领导者发挥出自身的工作积极性和最大潜力，以最强力量去实现计划、目标。

实际上，感召力也可以这么总结：是领导者个人内在与外在素质的综合表现，一方面表现为个人魅力；另一方面是对自我的正确客观认知，并不断地进行自我完善，最终达到超越自我的最高境界。

就企业领导者而言，感召力可以分为下面4个等级。

A+2等级：

企业的精神领袖，员工中的灵魂人物；所规划的企业发展蓝图，为绝大多数员工所高度认可，并愿意为之而奋斗；人格魅力超强大，可强烈吸引人追随；很多言论被作为经典而流传。

A+1等级：

有令人信服的魅力，有良好的口碑，获得了大多数员工的拥护和支持；为员工描绘企业发展蓝图，使其对企业未来发展充满信心；能够协调团体有效合作，形成整体合力；在领导过程中，展现其人格魅力，吸引人追随。

A-0等级：

口碑较好，能获得一定数量员工的支持；领导形象较好，可吸引一部分员工追随；善于为员工描绘企业发展的蓝图，可获得不少员工发自内心的认可和支持。

A-1等级：

口碑不是很好，不得大多数员工信任，支持的人很少；人格魅力缺失，没有良好的领导者形象，吸引追随力弱。

感召力是可以培养和获得提高的。因此，大可不必为自己低弱的感召力而过于担忧，只要从现在起，努力发展和提高那些吸引追随者的超凡特质就可以了。

下面是一张测试你是否有足够感召力的表，你不但可以测试一下自己的感召力处于一个什么样的水准，还可以针对不足，修炼提升自己这方面的特质。

感召力测量表

有员工向你汇报时，你会	A. 全神贯注倾听汇报； B. 时不时打断对方说话； C. 一味批评对方，表现自己。
你如何向员工传达公司的制度？	A. 反复阐述，以强化员工记忆； B. 点到为止，让员工自己体会； C. 命令员工接受，并考核接受情况。
员工提出不同意见时，你会	A. 显出有兴趣的样子，并欣然接受； B. 不喜欢听，但坚持听； C. 听不进不同意见。
在帮助员工方面，你会	A. 喜欢探查员工的情况，会为特殊情况破例； B. 只关心员工的工作情况，对生活情况没有兴趣； C. 除了工资外，不会给予任何帮助。
在团队协作中，你会	A. 随时帮助员工解决遇到的难题； B. 偶尔会指点一下； C. 不管过程，只要结果。
对于员工的期望，你会	A. 高度关注，并尽量满足其合理要求； B. 更希望员工了解你对他们的期望； C. 不喜欢关注员工期望。
员工完成任务后，你会	A. 直接说出你的意见，或认可其成绩，或指出不足之处，给其改正的机会； B. 将其成绩归于自己； C. 从不关心。
是否相信自己的员工？	A. 经常鼓励员工，让他们充满信心工作； B. 更希望员工相信自己； C. 认为自己比对方强，更愿意相信自己。

（续表）

在如何命令员工上，你会	A. 让对方大胆去做，遇到困难找你； B. 努力完成任务，有事及时汇报； C. 完不成任务，不要来汇报。
在描绘企业愿景上，你会	A. 乐于并善于向员工描绘企业愿景； B. 所描绘的企业愿景让员工感到遥不可及； C. 淡化企业愿景，只要求员工完成当前工作；
评分标准	选A得3分；选B得2分；选C得1分，最后将得分相加。
评价	10～16分：说明你的领导风格有些僵化，缺乏人情味。要及时改进，并努力提升个人感召力。 17～23分：说明你具有一定的感召力，不足之处是过于喜欢以自我为中心，喜欢过多地表现自我。要及时改进这种方式。 24～30分：说明你具有较强的感召力。愿意和员工在一起，愿意帮助员工，深得员工的信任和拥护。

实际上，每个人都有望成为优秀的领导者。换句话说，每个人都有成为优秀领导者的潜力。但问题的关键在于如何修炼和提升自己，挖掘自己深藏的领导潜力，最终具备优秀领导者的能力，并形成卓越领导力。

社会发展日新月异，人们的生活每一天都发生新的变化。如果人的成长速度跟不上社会发展变化的速度，很容易就会被社会所淘汰，湮没于滚滚红尘中。

因此，要想在众多优秀人才中脱颖而出，唯一可行的办法是不断修炼、提升自己，使自己具备超凡的能力。对于一个想拥有超凡领导力的人来说，更要以坚韧的心态修炼、磨砺、提升自己，让自己变得超凡脱俗。

领导力箴言

◎感召力是一种不依靠物质刺激或强迫，而全凭人格和信仰的力量去领导和鼓舞别人的一种能力。

◎感召力是决定一个领导者是否有领导力最为关键的因素。一个具有强大感召力的领导者，能够做到一呼百应，吸引更多的追随者。

◎感召力能够激发被领导者发挥出自身的工作积极性和最大潜力，以最强力量去实现计划和目标。

第二章

领导力本钱——优秀领导者必备的7种能力

从一定角度上讲，领导的过程是一种权力影响的过程。这种权力是一种带有强制性的职位权力。在权力影响的过程中，如果领导者具备一些出色的能力，就会更容易取信被领导者，让被领导者信服，从而更容易让这种权力性影响顺利实现。

恩格斯

一方面是一定的权威，不管它是怎样形成的；另一方面是一定的服从，这两者都是我们所必需的。

1. 提高领导威信的能力

在下属面前，领导者虽然被要求具有一定的亲和力，但是也要保持一定的威严。这对于提高领导的威信，促进指导的实效有着很大的好处。

莎士比亚的戏剧《李尔王》中，一个人对不相识的李尔王说：“在您的神气之间，有一种什么力量，使我愿意叫您做我的主人。”

这里所说的“什么力量”恐怕指的就是一种领导者身上所散发出来的强大的力量，是一种领导者的威严。

那么，如何让自己在下属面前有威严呢？领导者威严的获得，首要依仗个人良好的内在素养。《礼记·大学》云：“古之欲明明德于天下者，先治其国；欲治其国者，先齐其家；欲齐其家者，先修其身。”由此可见修身的重要性。个人要想获得威严，必须要有令人敬服的良好素养。

历史也一再证明，没有良好内在修养的领导者终究不能树立起长久的、令人敬服的个人威严。

良好的个人素养包含很多内容，其修炼也不是一朝一夕就可以完成的，需要平时潜心学习。因此，领导者平时一定要对自己严格要求，以锤炼自己的心性、提高自己的文明素养。

除了要拥有良好的个人修养外，领导者还要善于利用手中组织赋予的权力来树立自己的权威，提高自己的威信。

凡是领导，都必然有其职责范围内相应的权力，权力是领导行为的基础。没有权力，领导者就不能对被领导者的行为施加影响，进行控制和指挥，领导活动也就无法进行下去。这样的话，领导者也不能称其为领导了。

对于领导者而言，权力是柄双刃剑。用对了，用好了，可以提升他人对自己的认同感，增强自己的影响力；用错了，用糟了，则会破坏自己在他人心目中的形象，影响权力的发挥和作用。因此，领导者一定要运用好组织赋予自己的权力。

那么，领导者该如何利用手中的权力在下属面前树立自己的威严呢？主要途径之一就是从形式上让下属处于被教导的地位。比如，在与下属沟通，特别是指挥下属时，要求他们采取某种形式倾听，如站着听，这样在形式上就使下属处于被教导的地位，强化突出了自己的领导地位。这样的形式往往给下属留有深刻印象。

再比如，无论任何性质的工作会议，领导者都要求与会者正襟危坐，发言者必须站立讲话。这样会使会议产生紧张气氛，有利于增强会议的效果，同时，也会起到提升领导者威严的作用。

实际上，凡是采取任何超乎平常习惯的方式从事某种活动，都会在参与者的心理上产生作用，这就是特殊形式的作用。领导者要学会利用特殊形式，强化自己的领导地位，树立、提升自己的领导威信。

发布命令是作为领导者的一项重要权力，也是使自己意愿达成的一种重要途径。根据实际情况，命令可以以文件的形式间接下达，也可以以口述的方式直接下达。无论采取哪种形式，都要做到“有令必行”。也就是说，不要让命令在执行的过程中变了样，打了折扣。

在命令执行的过程中，如果命令走了样，被打了折扣，一方面会影响预期的效果，另一方面也会有损领导者的威信。剑桥大学经济学教授理查兹·肯特曾提出“无折扣法则”。这个法则指出：不要将命令当作廉价的处理品，只要是命令就要令出如山，不得违背，不得夭折。

领导者的命令如果得不到有力的执行，就等同于没有发布这个命令，显然这种损害是令人无法接受的。因此，如非情况特殊，领导者一定不要让自己的命令打折扣。如果真的有人胆敢冒犯“虎威”，在执行的过程中，主观随意“打折扣”执行命令，就要予以严厉的措施加以惩戒，不管违背命令的人是谁。

领导者需要注意的是，随意发布、更改命令也会有损领导者的威严。左一个命令，右一个命令，不管实际情况，随意施令，朝令夕改，结果只会让下属感到反感和无所适从，从而看轻你的命令。严重的还会对你的命令不屑一顾，不会遵照执行。这样，领导者的威信自然也就不复存在了。所以，领导者在下命令之前，一定要好好思考一下命令的必要性。如果确认有必要下令，也要做到下命令时重点突出，清楚无误，以避免下属执行时“打折扣”。

实际上，作为领导者，只要凭借自己手中的权力，再加上一些实用的小技巧，是完全可以做到让下属彻底贯彻自己命令的。下面是领导者给下属发布命令时采用的技巧：

（1）向下属传达命令，威慑下属

可以在向下属传达命令的同时传达这样一种信念：作为你们的领导，我不允许我的命令在执行的过程中被随意“打折扣”，否则后果很严重。这样给下属一种威慑，使下属不敢轻易对命令做出更改。

（2）下命令的时候要重点突出，不要面面俱到

没有重点的命令，只会让下属觉得领导絮絮叨叨、做事不干脆。

（3）命令要强调结果，不要强调方法

也就是要告诉下属要做什么，而不告诉如何去做。可采用任务式的命令。这样做的好处，一方面是有利于调动下属的想象力、创造性，另一方面也对提升领导者的威信有一定的好处。

（4）命令要尽量简洁清楚，不要复杂含混

简洁而清楚的命令会让下属知道该先去做什么、该如何去做，行动也会马上展开。反之，复杂含混的命令则会让下属不知所措，不知该如何去做，有损领导者的威严。

总之，作为领导者，要珍惜并运用好自己手中的权力，让其帮助自己树立威信，推进人际关系，赢得下属的认同和拥护。

领导者箴言

◎领导者要学会利用特殊形式，强化自己的领导地位，树立、提升自己的领导威信。

◎在命令执行的过程中，如果命令走了样，被打了折扣，一方面会影响预期的效果；另一方面也会有损领导者的威信。因此，如非情况特殊，领导者一定不要让自己的命令打折扣。

◎领导者要珍惜并运用好自己手中的权力，让其帮助自己树立威信，推进人际关系，赢得下属的认同和拥护。

赫伯特·西蒙

决策是管理的心脏，管理是由一系列决策组成的，管理就是决策。

2. 远见卓识的决策力

决策，简单来说就是做出决定，是人们对面临的问题所采取的对策或做出的选择。

对问题做出决策是领导者的基本职能之一，贯穿领导活动的全过程，是领导活动的核心。同时，决策也是领导者意愿、意志的集中体现。从决策中可以看出一个领导者的领导水平，是衡量领导者领导水平高低的一个重要尺度。

领导者的决策对组织的发展有着非常重大的影响，关系到组织的命运。哈佛商学院一项研究表明，在决定企业成败的两大因素中，领导者的决策占比80%，管理因素占比20%。还有一项统计分析显示：企业每增加一个劳动力，可取得1:1.5的经济效果；增加一个技术人员，可取得1:2.5的经济效果；增加一个高层决策者，则可获得1:6的经济效果。正因为如此，领导者都非常重视培养和提高自己的决策力水平。

出色的领导总能在关键时刻做出具有远见卓识的决策。但具有远见卓识的决策不是那么容易做出来的，有时候甚至会难于上青天。因为很多事情总是无法完全掌握的。无论思考多周全，准备多充分，总有疏漏的一面，总有意外在等着你。因此，生活中，百分之百正确的决策是不存在的。绝大多数决策都是在“几乎正确”和“可能错误”之间进行。更为常见的是，在两种不同的行为方案之间进行选择，而这两者之间很难说哪个更正确。

虽然百分之百正确的决策无法实现，但科学细致的思考和准备总会让决策更趋向于正确。因此努力和准备还是十分有必要的。

决策中，决策者的能力是至关重要的，一个出色的领导者必然拥有具远见卓识的决策力。所以如果想成为一个成功的领导者，就必须提高自己的决策力，这样才能站得高、望得远。

培养和提高具远见卓识的决策力通常需要注意培养以下几方面的能力。

（1）敏锐的洞察能力

敏锐的洞察力是一种快速、准确地抓住问题要害的能力。是否具备敏锐的洞察力对是否能做出正确决策有着至关重要的影响。

洞察力强的人能事先发现别人还没有意识到的问题，并能认识和分析不同事物之间的相互关系，这种优势会让领导者在决策中始终处于主动地位，准确把握决策方向。平时要多注意对事物的观察和分析，并有目的地锻炼透过现象看本质的能力。

（2）快速的决断能力

也就是迅速做出判断、做出选择，并形成方案的能力。在领导决策的过程中，每做出一个判断和选择，都可能面临着赢得机会或者失去机会的风险。因此，领导者必须要有当机立断的魄力和胆略，平时要多注意培养做事果断、坚毅的习惯。优柔寡断、瞻前顾后只会让机会白白逝去。

（3）灵活的应变能力

这是一种善于随机处理突发事情的能力。正所谓计划没有变化快，突发的事情经常发生，特别是在瞬息万变的现代社会，突发的事情更是成为家常便饭。因此要求领导者要具备审时度势、灵活处理问题的能力。

事物是不断发展变化的，人们对其的认识也是不断深化的。因此对于突发问题的处理，也不会找到一个永恒不变的最优方案。最佳的办法就是以变化应对变化，做出一个可以随时调整的解决方案，随着形势的发展和变化，随时调整方案，以适应新情况。

（4）与时俱进的创新能力

决策是一种前瞻性决定，对创新能力有很高的要求。领导者要有创造性思维，才可能做出符合时代潮流、圆满解决问题的决策。平时，要多注意关注新闻，关注相关政策法规的出台，立足当下，着眼未来。

（5）善于判别的选优能力

很多时候，领导者需要吸纳他人的意见和建议，然后才能做出决策。这个时候，领导者的选优能力就显得很重要，要能从众多的意见和建议中判别、选择出自己需要的意见或建议。平时要多注意比较能力和判断力的培养和锻炼。

决策关乎企业的命运，乃至决定企业的成败，因此一定要慎重对待。对于领导者来讲，平时要多注意加强上述能力的培养和锻炼，提高自身决策能力水平，通过自己的决策使企业顺畅发展，也使自己成为一个称职的领导者。

领导力箴言

◎决策者必须要有当机立断的魄力和胆略，优柔寡断、瞻前顾后只会让机会白白逝去。

◎领导者平时要多注意培养自己对事物的观察和分析能力，并有目的地锻炼透过现象看本质的能力。

◎领导者要有创造性思维，才可能做出既符合时代潮流，又能圆满解决问题的决策。平时，要多注意关注新闻，关注相关政策法规的出台，立足当下，着眼未来。

亨利·法约尔

管理就是预测和计划、组织、指挥、协调以及控制。

3. 理顺关系的协调力

在现代社会，协调能力十分重要，是领导者的一种重要职能。一个组织中各种利益关系不可能自动和谐顺畅，总会有这样或者那样的矛盾与缺陷，如果漠然置之，不去协调，就不可能有应有的效率和秩序。实践也证明，一个组织内各种关系能否顺畅，与领导者的协调能力有着密不可分的关系。

协调力是领导者能够兼顾各方面的事务及关系的能力，是领导者的必备素质。一定程度上讲，一个组织的领导者协调能力高超，则该组织内关系就会顺畅，整体效能高。反之，则会各种矛盾频出，紧张情绪弥漫，组织整体效能低下，甚至组织运转都将趋瘫痪。所以说，是否具备高超的协调能力是衡量一个领导者是否优秀的标准。

在一个组织内，领导者主要协调两方面的关系，一方面是领导工作关系协调；另一方面是领导人际关系协调。领导工作关系协调是指领导者在领导组织成员完成组织目标的过程中，与组织内外相关的人与事在时间与空间上产生的工作关系的协调。领导工作关系协调主要包括部门任务协调、工作时间协调、政策措施协调以及工作要素的协调等。

在向预订目标迈进的过程中，由于各种原因，致使组织内各部门任务完成的质量和进度情况存在差异，往往会造成一些新的变化。这个时候，就需要领导者从大局出发，从整体任务出发，对不同部门所承担的任务进行协调。

部门任务协调包括计划协调、组织协调、控制协调等，在有利于实现企业目标的前提下，协调开展工作。

通常，绝大多数任务是有一定完成时间限制的。这样如何在限定的时间内完成任务，就会涉及工作时间的协调问题。其目的就是使时间得到合理的安排和利用，保证时间被充分利用和效率的稳定提高，最终在限定的时间内完成任务。

由于在实际完成任务的过程中，会遇到一些原先制订计划所没有预料到的变化，因此往往会使各部门完成任务的状况与预期计划产生差异。为了保证任务的完成，领导者就需要根据实际情况进行必要的政策和措施的调整。

工作要素的协调主要是对组织内人、财、物的调配，使人尽其力，物尽其用，达到高效利用的目的。

人际关系协调主要是对组织内上下级关系的协调、同级组织之间关系的协调以及领导与领导之间、领导与下属之间关系的协调。无论是哪种协调，其目的都是融洽关系，创造一种整体团结、密切配合协作的工作气氛。

具体来说，领导者的协调能力可分解为人际亲和力、信息捕捉力、沟通说服力、团结凝聚力以及冲突化解力。

人际亲和力是指领导者通过建立良好的人际关系，使他人愿意与自己相处并且自愿跟随的一种能力，属于一种人格魅力，对外通常表现为和善、谦和、幽默、随和、爽快等。人际亲和力常有一种无形的魅力，吸引他人心甘情愿地与其相处，听其号令。

信息捕捉力是指领导者在众多的信息中采取到有价值信息的一种能力。它是领导者进行高效协调的基础和前提，因此，协调工作开始之前，领导者就要在大量的可供选择的信息中采集到有用的信息，为后续的协调工作做好准备，打好基础。

沟通说服力是指领导者在人际协调过程中，通过各种沟通形式，与被沟通者进行交流，说服对方信服的一种能力。它要求领导者采取一种有效的说服方式，让对方心甘情愿接受劝说，彼此间达成共识或相同的见解。

团结凝聚力是指领导者具备的可吸引他人围绕在自己周围，形成团体的一种能力。它要求领导者大力培养并提高自身文明素质，增强自身人格魅力，最终成功吸引他人。

冲突化解力是指领导者在实际工作中，协调和化解人际关系矛盾的一种能力。它要求领导者具备高瞻远瞩的大局观，能够从整体利益出发，采取合适有效的措施，有效协调和化解人际关系矛盾和问题，妥善解决问题。

上述几种能力不是孤立的，而是相互联系、相互作用的，它们共同构成领导协调的合力。这几种力相互配合，共同作用，最终达到领导者协调工作和人际关系的目的。

在协调与下属关系时，领导者通常要体现出下面10项素质，或者是要掌握10项要领。

（1）要尊重下属

尊重有一种巨大的力量，尊重下属的领导者才能获得下属的尊重和信服。如果不尊重下属，常常说一些伤害下属自尊心的话，即使领导者所说是正确的，也会遭到下属的反感和抵制，不会产生好的效果。

（2）要信任下属

凡是在下属职权范围内的事，领导者就要给予下属足够的信任，让下属放开手脚做事。不要半信半疑，也不要横加干涉，否则会影响团结和下属能力的发挥。“工作上的信用是最好的财产。”池田大作如是说。

（3）要体谅下属

当下属犯有过失和错误时，要尽量站在下属的角度给予体谅。自己有责任的时候，要勇于担责，不要一味批评，更不要诿过。

（4）要支持下属

当下属提出合理性意见和看法时，领导者要给予重视。在条件许可的情况下，要给予大力支持，尽量促其早日实现。如果不能采纳，要说清楚，以防止挫伤下属的工作热情和工作积极性。

（5）要鼓励下属

在下属遇到困难或取得微小进步时，要及时予以鼓励，让下属感觉到来自组织的关怀，从而提高工作积极性。

（6）要与下属商量

在给下属布置任务时，尽量要以商量的口吻，不要硬邦邦地命令。商量有利于下属说出自己的意见和看法，而命令则会压抑下属的工作积极性。

（7）要帮助下属

当发现下属遇到困难，或者当下属提出援助要求时，要帮助下属分析原因，并给予力所能及的帮助，不要视而不见，置之不理。

（8）要冷静

与下属有矛盾时，要冷静对待，宜用理智代替感情，采取适当的措施处理矛盾，不要冲动。

（9）要体贴下属

领导者要站在下属的角度，对下属的工作、学习和生活予以真诚的关心。另外，还要经常了解下属的思想，帮助其解决思想方面的难题。

（10）做好表率作用

要想正人，先要正好自己。要求下属做到的事，先要自己做到，这样才能有说服力，也才更能让下属信服。

领导力箴言

◎是否具备高超的协调能力是衡量一个领导者是否优秀的标准。

◎人际亲和力常有一种无形的魅力，吸引他人心甘情愿地与其相处，听其号令。

◎领导者要具备高瞻远瞩的大局观，能够从整体利益出发，采取合适有效的措施，有效协调和化解人际关系矛盾，妥善解决问题。

彼得·德鲁克

建立目标是一种平衡：在企业成果与遵循人们所相信的原则之间的平衡，在企业当前需要与长远需要之间的平衡，在期望的结果与可用的资源之间的平衡。

4. 保持平稳发展的平衡力

平衡是指事物内在和外在的作用力达到均衡时的状态。一个组织离不开平衡，离开了平衡，组织就不会平稳，发展也不会顺畅，可能用不了多久就会倾覆。

平衡力是优秀领导者应具备的一种能力，是其在认识并掌握了事物发展规律和特点的基础上，使组织在保持平衡的状态下实现稳定发展的领导艺术。

一般而言，具备优秀平衡力的领导者通常具有6个方面的基本潜质：自明、远见、激情、择序、识人和用权。

自明，简单理解，就是了解自己，清楚自己的身份、地位、能力以及状况等。领导者的自明是领导者要明白自己所扮演的角色，清楚自己应该肩负的责任。在此基础上，能够对个人的工作、生活、家庭等进行合理调和，使之维持一种平衡状态。

远见，就是对事情有一个科学的预见。对于领导者而言，要对组织的发展有个科学清醒的认识，并能够在此基础上对组织未来设定明确的发展方向。要求领导者能够带领组织成员用短期的绩效来彰显自己和组织的成就，又能够始终保持正确的方向不断前进。

在这个过程中，领导者要充分发挥自己的感召力，向下属展示自己和组织的梦想，团结下属，凝聚人心，上下形成合力努力向梦想进军。

激情，是对所从事的事业的一种忠诚和全力付出，它能够让领导者在遭遇挫折和失败时，不改初衷，吸引组织成员全身心聚集在自己周围，形成抵抗风险和阻力的强大力量。越是到遭遇逆境的时候，激情的力量愈是重要和突显。

择序，就是能够清晰而准确地判断处理事务的优先顺序，这种能力对于领导者非常重要。因为，面对众多需要处理的事务，领导者总要在有限的时间和资源范围内，有所取舍，以及决定哪个先做、哪个后做。

领导者的识人能力也很重要。一个组织内，成员良莠不齐，有的是企业的优质“资产”，而有的是企业的不良“资产”。领导者要具备识人的能力，才能识别哪些人是企业的优质“资产”，哪些是企业的不良“资产”。并在此基础上，采取不同的处理措施，以取得人事平衡，最终在组织内形成有效合力。

用权，就是领导者运用组织赋予的权力影响别人的过程，是领导者统御的根本。优秀的领导者必须具有使得他人依赖于自己的潜质，而不是紧紧依靠自己所在的职位来取得权势，赢得他人的敬服。如果领导者善于利用自己手中的权力，就会成功地在组织内形成一张以自己为中心的“蛛网”。

一位优秀的领导者具备了上述潜质，掌握了平衡艺术，就可以很好地处理工作和生活中的矛盾，让事情变得公正、公平。

那么，领导者都需要处理好哪些方面的平衡呢？一般来说，一个组织内，领导者通常要处理好四个方面的平衡：

（1）人事方面的平衡

现代管理都讲究以人为本的管理模式。人是一个组织内最为重要的“资产”，也是最为特殊和难以调和的“资产”。因此，对于领导者而言，人事方面的调和最为重要。比尔·盖茨曾说："在我的事业中，我最重要的经营决策是挑选好人才。拥有一个你完全信任的人，一个可以担当重任的人，一个能够为你分担忧愁的人……"

要想做好人事方面的平衡，领导者就要清楚自己的领导格局，清楚自己的领导职能。要能为一个岗位选定一个合适的人；也要能够对组织成员采取合适的管理办法；此外，还要能够整合好集体目标和个人目标。

（2）权力方面的平衡

权力平衡要求领导者不要贪恋手中的权力，要懂得授权给下属，让下属分担责任，同时也让下属得到锻炼成长的机会。而领导者腾出时间和节省精力去做更重要的事情，以取得组织发展的平衡。

（3）利益方面的平衡

不可否认，适当的利益激励是让员工保持高效率工作和高昂士气的重要条件。因此，领导者要努力求得下属利益方面的平衡，使下属不至于心生怨言，影响团队合作、组织发展。

（4）人际关系平衡

一个组织内，只有团队人际关系和谐顺畅，才有可能营造出良好的人际氛围，使组织平稳发展，才有可能实现组织的梦想。因此，领导者一定要努力取得组织成员关系的和谐顺畅。

团队人际关系和谐顺畅一定是人际关系的平衡，因此，领导者要努力取得组织人际关系的平衡。人际关系平衡了，人际关系也就和谐顺畅了。这就要求领导者要多与下属进行有效沟通，尽量满足下属的合理要求，并力求使各种需求与组织发展趋于平衡。

上述4方面的平衡不是孤立的，而是相互联系、相互制约的。领导者要综合考虑，努力保持这几方面的平衡，并力求使它们形成一个动态的平衡，促进组织良性健康发展。

领导力箴言

◎领导者要明白自己所扮演的角色，清楚自己应该肩负的责任。在此基础上，能够对个人的工作、生活、事业等进行合理调和，使之维持一种平衡状态。

◎领导者要努力求得下属利益方面的平衡，使下属不至于心生怨言，影响团队合作、组织发展。

◎领导者要多与下属进行有效沟通，尽量满足下属的合理要求，并力求使各种需求与组织发展趋于平衡。

松下幸之助

在管理中必须遵循授权加控制的原则，如果只授权不控制，员工将会各行其道；而如果不授权只控制，则局面将会是一潭死水。

5. 持续领导的掌控力

掌控力是一种什么力？简单说，掌控力是组织或个人对掌控对象的掌握和控制，使其不任意活动或超出一定范围，始终处于自己管理或影响之下的一种能力。更直白一些说，掌控力就是控制目标对象的能力。这种能力是对事物的起因、发展以及结果的全过程的一种把控。

掌控力属于一种内在驱动力，潜藏在每个人身上，是个人能力的一种。对于领导者来说，掌控力是非常重要的，只有具备了对事物的全盘掌控，才能够及时制定或调整战略、战术，以适应并驾驭不断变化的局势，进而领导全局。

2007年10月，阿里巴巴正在为即将到来的海外上市进行全球路演。对于不久后的海外上市，很多人充满期待。神州数码中国有限公司总裁兼CEO郭为是其中持最为乐观意见者，他这样说道："阿里巴巴海外上市后肯定会有进一步的发展。马云在阿里巴巴的影响，无论是在员工还是在股东中都不是因为股权而是因为他卓越的领导力。作为一个卓越的领导者，他的战略制定能力和影响都非常强……马云凭借领导力掌控着阿里巴巴。"

“凭借着领导力掌控着……”，从中可见“掌控”之力是领导者一种至关重要的能力，是领导者卓越领导力的一个基础。

领导者如果有了很好的掌控全局的能力，必然会有助于其确立组织目标、制定战略，以及进行重大决策。因此，具备很好的掌控力是衡量一个领导者是否具有卓越领导力的一个重要标准。

掌控力并不是仅仅体现在事物开始阶段，它体现于对事物全局以及整个过程的把握和控制上。首先，在实际工作开始之前，要对影响工作的因素进行控制，以确保目标对象的合理发展；其次，在工作进行中，要对工作进展情况进行监督和指导，也就是现场掌控；最后，是在工作完成后进行总结，以更好地把握事物发展变化的规律，积累经验和教训，调整和完善下一步的目标和计划。

此外，作为领导者，要想掌控好组织、个人以及工作的开展，一定要有全局意识，要比一般人站得高，看得远，想得周全。这样才能更好地控制各种有利与不利条件，进退有度，也才能更好地带领组织成员达成组织和个人目标，实现组织和个人梦想。

掌控力还突出表现在对关键因素的把控上。这一点很重要，因为对关键因素进行把控，可以让领导者集中精力，提高控制效率，最大程度提高准确率。看下面这个历史典故：

一次，汉文帝早朝时，问右丞相周勃：“全国一年要判决多少宗案件？”

周勃不知道，如实回答了：“具体数字臣不清楚。”

汉文帝又问：“全国一年要进多少钱粮呢？”

周勃还不清楚，支吾了半天也没说出来，显得很是愧疚。

汉文帝又问左丞相陈平。陈平回答道：“皇上要想知道具体数字，可以询问管理这事的官员。”

汉文帝接着问道：“那谁在管理这些事务呢？”

陈平回答：“如果想了解全国一年判决了多少案件，可以咨询延尉；如果想了解全国一年进了多少钱粮，可以咨询粟内史。”

汉文帝随之质问道：“照你所说，每个方面都有主管的官员负责，那么你又在干什么呢？”

陈平不慌不忙地回答道：“承蒙皇上看重，委任臣担任宰相一职，我的职责是辅佐皇上管理天下，使天下长治久安，对内负责各部官员各司其职，各安使命。”

汉文帝一边听，一边微微点头。

这个故事的精髓用一句话来概括，就是工作要各负其责。对领导者来讲，要时刻记住自己的职责，将主要精力放在组织工作、指导工作、协调工作以及激励工作上，做自己该做的事，抓关键因素，这样才能掌控好全局。

从上面的论述中，可知为了能更好地掌控全局，领导者要将那些相对次要的事务授权给合适的下属处理，而自己要做好授权后的控制。授权后的控制十分重要，关系到能否实现有效授权，领导者一定要重视并加强对授权后的控制，以实现有效授权。

另外，领导者的掌控力不仅仅表现在对组织、对组织成员以及对整个工作局面的掌控上，还表现在对自我的掌控上。因为自控会直接影响到领导者对工作层面的掌控。因为自控可以抑制自己的感情和情绪，控制自己的行为，从而可以使自己以更为理智的行为去掌控工作。

反之，不能自控，感情冲动，言行出格，凡事恣意妄为，如何能以理智的行动去管理企业、领导成员？由此，良好的自控能力可以说是领导者一种重要的意志品质，也可以说是衡量领导者涵养气度的一个标准。

做好上述几方面的掌控工作，领导者就实现了对组织、团队成员以及工作的持续性领导，就可以更好地带领组织成员向着组织目标迈进。

领导力箴言

◎对于领导者来说，只有具备了对事物的全盘掌控，才能够及时制定或调整战略、战术，以适应并驾驭不断变化的局势，进而领导全局。

◎具备很好的掌控力是衡量一个领导者是否具有卓越领导力的一个重要标准。

◎领导者要时刻记住自己的职责，将主要精力放在组织工作、指导工作、协调工作以及激励工作上，做自己该做的事，抓关键因素，这样才能掌控好全局。

亨利·福特

聚集人马只是开始，继续共事可谓发展，同心工作才是成功。

6. 建设团队的组织力

简单说，组织力就是领导者开展组织工作的能力，是领导者协调安排人员，进行权力分配、岗位分工等的一种能力。

组织力是团队建设的核心因素，没有一个好的组织力就组建不起一个好的团队，就无法使团队利益最大化。有很多企业发展到一定规模后，其发展速度很明显放缓，有的还停滞不前，甚至发生了倒退。抛除行业和那些外部环境的影响外，最重要的因素是组织能力不足。所以，作为领导者，一定要重视对组织能力的培养和提升。

领导者的核心工作之一是团队建设，这是领导力的命脉所在，没有团队，何谈领导力？任何一个团队，都是由五大要素构成的，这五大要素分别是：目标、人、定位、权限、计划，这五大要素被称为“5P”。其中，人是团队的核心力量，团队的任务最终需要落实到团队成员身上。人需要组织起来，协同作用，才能更容易实现诸多“丰功伟绩”。从这个角度上看，一个成功的团队建设需要一个好的组织力。

华特·迪斯尼是迪斯尼乐园的创始人之一。有一次，他和一位十分喜爱迪斯尼世界的小男孩进行了一番有趣的谈话。

由于已经知道对方是创建人，小男孩显得十分兴奋，接连不断地向华特·迪斯尼提出各种问题。

“是您创作了米老鼠、唐老鸭吗？”小男孩兴奋地问。

“NO，是我们设计师的杰作。”华特·迪斯尼笑着回答道。

“那是您想出的那些好玩的点子吗？”小男孩紧追不舍。

“也不是，是我们的编辑灵感突发的结晶。”华特·迪斯尼回答。

“那您负责画图？”小男孩又问。

“不是，我们有专门的画师负责此事。”

“那您负责什么？难道什么都不干吗？”小男孩觉得十分奇怪。

“我的工作是把这些有才能的人召集到一起，组建一个团队，然后发挥他们所长，共同做事，仅此而已。”华特·迪斯尼自豪地说道。

设计师、编辑、画师，几个彼此相对独立的工种，在华特·迪斯尼找到他们之前，他们各自独立工作。但是在华特·迪斯尼把他们召集到一起工作，让他们在团队中各自发挥所长后，就做出了重大成就。这就是建设团队的意义。

把能解决问题的人才组织起来，使其成为一个团队，而不是想着自己去亲自解决所有的事情，是领导者组织力的重要体现。

组建一个搭配合理且有战斗力的团队不容易，也不是一蹴而就的，通常需要经历4个阶段：组建期、磨合期、激化期、成就期。

组建期，需要领导者想方设法搜寻需要的各种人才。初期，由于成员之间的性格、需求、观点各不相同，彼此之间也缺乏一定的了解和信任，因此彼此之间的合作很浅显，不够深入。

这个时候，领导者要尽快掌握团队的整体状况，了解清楚团队成员的特征，努力帮助团队成员尽快准确定位角色、进入状态。在此过程中，领导者既不要放任自流，任凭团队成员自己没头没脑地探索，也不要管理过严、过细，以防团队成员畏首畏尾，放不开手脚探索。

组建期过后进入磨合期。经过组建期的初步接触和合作后，团队成员彼此之间有了进一步的了解，会慢慢打开心扉，彼此交流想法，进一步加强合作。可是，这个时期的合作与交流往往只限于在小范围内进行，许多具体问题和决策还需要依赖领导。

这个时候，精明的领导者往往在回应下属请示的同时，给予其正确的思想导引，让他们通过团队内部的商量研讨做出决定，而不是事事都依赖领导。在思想引导的过程中，领导者要站在组织的高度，避免“小团体主义”的滋生。

磨合期过后进入激化期。磨合期使团队成员进一步熟悉起来，合作交流更加能放得开，团队成员也开始敢于表达自己不同的意见和建议，团队的开放范围开始形成。但也正由于此，团队成员之间会产生矛盾和对立，有时候这种矛盾和对立可能是很激烈的。

这个时候，精明的领导者通常会主动站出来鼓励有利于团队建设的冲突，然后引导双方通过研讨得出科学结果，而不是用权力去压制、化解。在此过程中，领导者要以身作则，树立一个榜样，目的是让团队成员做任何事情都要有据可循，而不要无章法地乱说。

在顺利度过以上3个时期后，就进入了成就期。这个时期团队会形成一种较强战斗力，团队成员之间有强烈的一体感，具有相同的企业文化，拥有共同的信念，彼此之间能进行坦诚无私的交流合作，促使工作向前发展。

这个时候，领导者要站在引领者的角度，从全局的高度出发，给团队成员以思想和方向的指引，给予团队适当的刺激，努力促进团队保持成长的激情与动力，使团队和组织共同进步。

领导力箴言

◎领导者的核心工作之一是团队建设，这是领导力的命脉所在，没有团队，何谈领导力？

◎把能解决问题的人才组织起来，使其成为一个团队，而不是想着自己去亲自解决所有的事情，是领导者组织力的重要体现。

◎领导者要站在引领者的角度，从全局的高度出发，给团队成员以思想和方向的指引，给予团队适当的刺激，努力促进团队保持成长的激情与动力，使团队和组织共同进步。

戴尔·卡耐基

随机应变的智能，是解决生活上困难的武器，要比书本上的知识有价值得多。

7. 处理突发事情的应变力

很多事情从开始到结束都不是一帆风顺的，前进过程中，变故经常不约而至，令人猝不及防。一个组织，其内部充满诸多矛盾，组织成员在利益、意见、价值观及行为方式诸方面的不协调，都可能导致相互之间的矛盾突然激化。通常，矛盾各方都认为自己与他人在某些方面格格不入。

面对这些激化的矛盾，领导者首先要有思想准备。应当想到这些突发的矛盾是工作中十分正常的事，有些时候是避无可避的，因此要学会坦然面对。

作为领导者，要具备处理紧急事务的沉着应变能力。能妥善处理突发事件，排除障碍，避免或者减少损失和伤害，使组织保持前进态势。

沉着应变力是一种厚积薄发的力量，它不是一蹴而就的，而需要从多方面入手，努力培养和提高。

（1）增强责任意识和培养宽广胸怀

在思想上要提高责任意识，认识到自己的使命和责任，这样才能在根本上为解决问题提供动力之源。如果缺乏这份责任感，就不会有强大的动力，而没有强大动力，自然也就培养不起来出色的解决问题的应变力。

另外，领导者还要具有宽广的胸怀，能够虚心听取各种不同意见和建议，能够做到求同存异，不锱铢必较，不求全责备。只有这样才可能最大程度获得下属的认同和敬服，使其在解决突发事情时能够获得支持。

（2）树立危机意识

孟子云：“生于忧患，死于安乐。”安享安乐，只会沉沦，如任其下去，只能越发沉沦，直至灭亡。因此，一定要收起马放南山的麻痹思想，树立起居安思危的危机意识，让自己时刻保持警醒。

比尔·盖茨用“微软距离破产只有18个月”来警示员工；张瑞敏表示自己“每天的心情都是如履薄冰，如临深渊”。他们正是具有强烈的居安思危的危机意识，才让自己在面对突发事件时不慌乱，沉着应对，妥善处理。

（3）提高观察判断能力

很多突发事情到来之前，并不是真的无迹可寻，更不可能是空穴来风。此时，如果有很强的观察判断能力，就会发现这些预示突发事情的蛛丝马迹，进而提前做好准备，采取应对措施，以利于妥善处理问题。

领导者平时要注意多锻炼自己见微知著的敏锐观察力和判断力，为处理紧急事务打好基础，做好准备。

（4）掌握必要的危机处理知识

突发事情的成功处理，往往是各种理论知识和业务技能的综合体现，这也就要求领导者要掌握必要的危机处理知识和技能。如领导者要及时处理工作中发生的问题，将矛盾或冲突消灭在萌芽状态，不要等到很多问题都积压了起来，发生了很大的变化，才想起来去解决。那样就可能积重难返，无力回天了。

需要注意的是，知识和技能不是一成不变的，是要随着客观体系的发展变化而不断更新的。因此，领导者要不断拓展知识面，更新、优化知识结构，使危机应变力不断得到提升。

（5）锻炼随机应变的能力

由于是突发事情，所以有其不确定性和复杂性，这也就要求领导者在处理突发性事情时，要随机应变，不能墨守成规。

随机应变能力的锻炼，首先要注重日常积累，要多注意在处理日常小的突发事情时积累经验，提高应对技巧。其次，要多注意调查研究，增强对突发事件的敏锐性。再次，要积极参与到对突发事件的处理中，在亲身参与中，积累经验，提高能力。

作为领导者，上述5个方面要齐头并进，并相互配合，才能切实有效地提高应对各种危机的能力，才能在处理突发事情时游刃有余，也才能妥善处理好各种突发事件。

领导力箴言

◎领导者要具备处理紧急事务的沉着应变能力，能妥善处理突发事件，排除障碍，避免或者减少损失和伤害，使组织保持前进态势。

◎领导者要及时处理工作中发生的问题，将矛盾或冲突消灭在萌芽状态，不要等到很多问题都积压了起来，发生了很大的变化，才想起来去解决。

◎领导者要不断拓展知识面，更新、优化知识结构，使危机应变力不断得到提升。

第三章

领导力灵魂——感召追随者的6种人格魅力

权力性领导力有明显的缺点，刚性有余，柔性不足，这使得领导者和被领导者之间有较大的心理距离。这种情况下，很多时候，被领导者往往是被动服从，缺乏自觉性和主动性。领导者的人格魅力则会弥补这种缺陷，它犹如一支魔力棒，会激发出被领导者的主动性和积极性。虽然这种影响力是不可触摸的，但却是深远而持久的。从这一角度上讲，它才是吸引他人甘愿追随的真正源头。

艾琳·凯瑟

真诚是力量的一种象征，显示了一个人的高度自重和内心的安全与尊严。

1. 说到做到获取信任和拥护

在所有美德中，诚信是重要的美德之一。无论是在过去，还是在现在，拥有诚信美德的人都会受到人们的欢迎，与之相反，一个不知道诚信为何物、不讲究诚信的人必然会受到人们的鄙夷和唾弃。

《左传》中记载了一则“食言而肥”的故事：

春秋时期，鲁哀公二十五年六月，鲁哀公从越国回来，大夫季康子、孟武伯来到五梧迎候国君。当时，郭重为鲁哀公驾车，看到季康子、孟武伯二人，就对哀公说：“您不知道，他们暗地里说了很多诋毁您的话，您一定要当面质问他们！”

鲁哀公在五梧宴请大夫，孟武伯也参加了。孟武伯厌恶郭重，就一边敬酒，一边取笑说：“你怎么长得这么肥胖？”

季康子说：“应该罚武伯吃肉！我国接邻敌国，我们没能陪同君王同行，因而没有参加这次远行，但是武伯却认为在外奔劳的郭重肥胖。”

鲁哀公听了，心有所感，于是代替郭重答道：“食言多也，能无肥乎！”意思是如果经常吃掉自己的诺言，自然就会胖起来。

群臣听后都会心地笑了起来，孟武伯面红耳赤，感到万分难堪。

表面上看，鲁哀公是在说郭重，实际上却在暗指孟武伯惯于说话不算数、不信守承诺，讽刺意味浓厚。

几乎所有的人都喜欢讲诚信的人，希望别人对自己讲真话，对自己真诚以待，不喜欢被欺骗。当然，所有的员工都希望自己的老板是个讲究诚信、说到做到的人。这就决定了成为一个值得信赖和追随的领导者的前提之一是具有诚信美德。

有很多领导者十分喜欢四处承诺，今天对员工承诺："好好干，保证年底奖金过万！"明天又在员工大会上拍胸脯保证："今年销售业绩上涨30%的话，公司全体员工巴厘岛七日游！"

老子云："轻诺必寡信。"轻许诺言的结果往往会食言，而食言的后果则会失去信用。失去了信用，自然很多事情就做不成了。

作为领导者，如果经常言而无信，不兑现自己的承诺，那么员工首先会对你失望，继而会痛恨、绝望，对你失去信心和信任，最终，极有可能会因此离你而去。

相反，如果一个领导者十分讲究诚信，不轻诺，一旦许下诺言，想尽办法都要兑现。这样的领导者自然会赢得员工的爱戴和信任，也吸引人追随。

实际上，在绝大多数员工心中，领导者是具有权威性的，领导者的话是有分量的，其承诺，是他们心中的一种寄托。如果领导者总是轻言寡信，拿许诺来开玩笑，那么必然会对员工造成一种巨大的精神伤害，员工自然也就不会再轻信领导者了。

多项调查表明，古今中外，绝大多数成功者都非常重视诚信的作用和影响，他们自己也践行着这种至高美德。

马云曾说过这样一段话："从我做公司到现在，我从来没有错过一份计划，我答应人家的东西，都如期完成了。做人一定要讲诚信，做企业也是一样的。你本来亏了20元，却偏偏说只亏了10元；本来你赢利了5元，却偏偏说赢利了10元。这样做企业的话，没有哪个风投会相信你。”

有人曾问巨人集团CEO史玉柱，现在领导者的素质中，哪一种最重要。史玉柱马上回答道：“是说到做到，只要你承诺了几月几日几点钟做完，你就一定要做到。完不成，不管什么理由，一定会遭到处罚……员工做出的承诺一定要兑现，一定要让他说到做到，做不到你也要想方设法帮他做到。一个成功的企业必须要具备这个作风。”

说到做到是一种能力，也是一种态度，更是一种魄力。作为领导者，如果能说到做到，也就拥有了这份让人敬佩的魄力，自然会更容易吸引人跟随。

领导者讲究诚信的主要表现为：在工作中能实事求是，信守承诺；在是非面前能坚持原则；出现失误后能勇于面对；在与员工沟通时，能敞开心扉，坚守诚信原则。

吉姆·柯林斯在《从优秀到卓越》中讲道：“言行一致、坚定不移、正直并且强有力的领导者才是优秀的领导者，才能攀越高峰。”若做到了言行一致，领导者自然就容易赢得员工的信任和拥护，也自然就容易成为一个吸引人追随的领导者。

领导力箴言

◎领导者讲究诚信，不轻诺，一旦许下诺言，想尽办法都要兑现，自然会赢得员工的爱戴和信任，也吸引人追随。

◎作为领导者，如果能说到做到，也就拥有了一份让人敬佩的魄力，自然会更容易吸引人跟随。

◎领导者讲究诚信的主要表现为：在工作中能实事求是，信守承诺；在是非面前能坚持原则；出现失误后能勇于面对；在与员工沟通时，能敞开心扉，坚守诚信原则。

戴维·格里森

要想获得这个世界上最大的奖赏，你必须拥有过去最伟大的开拓者所拥有的，将梦想转化为价值的献身热情，并以此来发展和展示自己的才能。

2. 对事业充满饱满的激情

领导者要靠什么去感染追随者？首要的一项是激情。不难想象，如果领导者自己都对事业没有无与伦比的激情，那么又怎么会让人信任，又怎么会让人去追随？

在现代激烈的竞争中，没有一支充满激情的团队是无法站稳脚跟的。谁能够激发出团队成员的热情，让他们充满活力、坚韧不拔地工作？自然是团队的领导者。团队领导者必须对事业充满激情，成为团队成员努力效仿的榜样，才能起到感召和吸引追随的作用。

看看那些知名人士对领导者激情有什么看法！

IBM创始人托马斯·沃森曾这样深有感触地说道："一个公司成与败的关键就是看你这个公司能激发员工多少激情和才能。"

通用电气总裁兼CEO杰克·韦尔奇不止一次强调："优秀领导者需要怎样的素质呢？他必须具备五种特征：旺盛的精力，激励他人，敏锐与深刻的洞察力，执行能力，激情似火。"

耶鲁大学经济管理学院教授哈马斯·爱尔在接受美国《商业周刊》采访时说道："领导者要学会用语言来塑造组织成员的思想，用故事来改造组织成员的思维……但前提是，领导者本人必须是个有激情的人。”

海尔集团首席执行官张瑞敏在回顾海尔多年发展的道路时曾说道：“这么多年来，海尔一直得到发展，可以说是企业文化的成功。海尔培养人才，不是靠‘相马’，而是靠‘赛马’，海尔就是员工的赛场，而赛场是最容易使人产生激情的地方。”

不言而喻，激情是一种正能量，可以感染、带动周围的人与之一起行动。领导者的激情会潜移默化地影响追随者，让他们不知不觉跟随着一起行动起来。

井深大是索尼公司的第一任领导者，他在创立索尼公司前身——东京通信研究所时，已经年近四十，但他从不觉得自己老，对生活充满信心，喜怒哀乐溢于言表。每每看到新奇产品，都会高兴地买上一堆带回公司，和技术人员一起将这些产品拆开，研究它们的构造、原理和功能，并看看能不能设法改进。

公司成立初期，还没有明确的产品生产计划，技术人员都凭着感觉自己钻研。当他们研究出新鲜东西时，总会在第一时间拿给井深大过目。如果井深大发现是个好创意时，就毫不掩饰地哈哈大笑，并对研究者赞不绝口。而如果没有入自己的法眼，井深大也同样毫不掩饰，通常生气地喊道：“拿走，这是什么破玩意！”

下属们并没有因井深大的直言不讳而懊恼，相反，他们却很喜欢这种坦诚，因为他们知道这是井深大对事业的一种激情，所以他们接下来会为了设计出让井深大眼前一亮的产品而加倍努力和付出。

同对工作充满激情的井深大一样，Facebook的创始人扎克伯格也是个充满工作激情的人。

在Facebook成立初期，团队成员都聚在一间小屋里办公，桌椅都不够用，但是这不妨碍这些创业者们创业的激情。一次，扎克伯格最后一个来到小屋。他发现办公桌上已经没有了他的位置，他没有出声，而是直接趴在地板上，打开笔记本开始了工作。

不知何时，一个成员才发现他们的老板竟趴在地板上办公，就赶紧起来让座。扎克伯格只是很从容地表示自己这样挺好，让那名成员继续自己的工作。

实际上，充满激情似乎是所有取得大成就的人所共具的一种可贵的品质。比尔·盖茨是个业内外公认的工作狂，每周经常工作72小时，有时甚至达到90小时。这种工作热情带动了微软员工的工作热情，并在微软公司培养出一种工作狂的气氛。“工作即是快乐”的观念已经被所有微软员工所接受和认同。

微软公司的一位公关经理曾这样说：“盖茨先生不仅是公认的工作狂，而且要求十分严格。员工认为无法做到的事情，他会自己拿回去做，并能迅速准确地做到几乎完美的地步，让大家佩服得无话可说。”

作为领导者，如何才能让自己对事业充满无与伦比的激情呢？

（1）修炼、提升自身素质

包括对个人性格、价值观、对待事物的态度的培养。性格方面，要注意对坚毅性的锤炼。半途而废的做事态度容易让人丧失进取心，因此，做事一定要尽己所能坚持下去，不轻易放弃。

价值观方面，要注意对事物保持一个科学合理的认识，尽量做到不偏颇、不偏离，这样才能让事情沿着正确的道路发展下去。

对待事物的态度，主要是指做事的责任感。做人要敢于担当，勇于担责。事实证明，对任何事情都尽心负责的人是富有激情的。那份责任感，会让他对每件事情都热衷，关心事情的发展进程，而这正是激情的外在体现。

（2）通过对比了解自己的收获

激情的产生源于精神上的满足，是人高层次的需求得到和将要得到满足时所产生的一种状态。而满足则源于对比度。举例来说，当一个人很饿的时候，给他一个馒头吃，他会觉得非常香甜。而当他不饿的时候，给他一个一样的馒头，他会觉得味道很一般，甚至不好吃。这就是对比的结果。当一个人不知道如何对比自己的收获，只是一味感觉到挫败，那又怎么会满足，又怎么会产生激情呢？正确的做法是，越是遇到挫折的时候，越要保持信心，并勇敢坚强地走下去。这样才会有收获，也才会产生激情。

（3）要明确奋斗的近、远期目标

做事要有目标，没有目标就会迷茫。可将目标划分为近、远期目标。远期目标指明了长远的奋斗方向，是众人努力的最终目的。近期目标则是将实现远期目标的过程划分成若干个阶段，分步去实现。

近期目标是看得见、可预见的，有利于激励员工的斗志，激发其奋斗的热情。只有在成功实现一个个近期目标的带动下，我们才能激情饱满地不断前进，而远期目标则会让这种激情不间断和持久恒定。两者结合就会让我们的激情不断高涨、恒定持久。

（4）要把激情传递给别人

作为领导者，不但自己要有对事业的饱满激情，更要将自己的这种激情传递给别人。领导者的激情能激励整个组织，若一个组织中，领导者失去了激情，整个组织的成员也必定会失去获取成功的信心。

领导者可以在合适的场合，高调宣布自己的计划，讲述自己的付出和努力，以及已经取得了怎样的成绩。同时，要尽己所能帮助员工寻找目标，克服障碍和困难，努力达成目标，并且一起享受成功的喜悦。

导致领导者成功的因素有很多，而首要因素就是激情，一个领导者追求成功的热忱愈强，取得成功的概率也就愈大。没有激情，无论你有什么能力都发挥不出来。

领导力箴言

◎领导者必须对事业充满激情，成为团队成员努力效仿的榜样，才能起到感召和吸引追随的作用。

◎领导者做事一定要尽己所能坚持下去，不轻易放弃。

◎作为领导者，不但自己要有对事业的饱满激情，更要将自己的这种激情传递给别人。

亚伯拉罕·林肯

每一个人都应该有这样的信心：人所能负的责任，我必能负；人所不能负的责任，我亦能负。如此，你才能磨炼自己，求得更高的知识而进入更高的境界。

3. 为人做事有担当、敢担当

曾有一个女企业家说过这样一段掷地有声的话：

“我没想清楚你想清楚了，那么按照你的想法去做，责任我来担；我想清楚了你没想清楚，按照我的想法去做，责任我来担；我没想清楚你也没想清楚，按你的想法去做，责任还是由我来承担。”

从这段话中可以看出，这位女企业家有一种令人敬佩的大无畏的勇于担当、敢于担当的精神。

无独有偶，另一个企业家对下属也说了这样一段有着相同精神实质的一段话：

“你们都是我的下属，你们每个人做出了成绩，你们的成绩也是我的成绩。同样，你们每个人做错了事情，你们所有的错误也有我的，也要我来承担，所以说，我们是统一战线的。”

这段话同样折射出说者勇于担当、敢于担当的精神，这才是领导者所应有的胸襟和气度。

作为领导者，当工作中出现问题的时候，要敢于第一时间站出来承担责任。而不是想出各种理由来搪塞和推卸责任，或者直接将责任推卸给他人。

但是却有很多领导者在工作遭遇挫折和失败的时候，一味板起面孔责怪别人，怪别人没有把事情办好，而把自己的责任推得一干二净。

看这样一幅画面：

一个领导者怒斥员工："你们整天都在干什么？工作是怎么干的，不知道客户的具体要求吗？又不按照公司流程来操作，这回白忙活了，让公司上上下下为你们而折腾，你们太不负责任了！"

实际的情况却是事先员工曾多次向他索要客户的相关情况，他却没有当回事而一直推托，员工也曾多次向他咨询标准化执行文件，他也一直敷衍了事。现在遭到挫败了，他却把责任一股脑儿推到了员工身上，实在是太不应该了。

这种行径的后果往往是伤了员工的心，失去了对方的信任和支持。如果长期下去，这样的领导必然会失去更多人的信任和支持，最后成为孤家寡人，做事将会举步维艰。

通常情况下，下属都会很担心做错事，因为一旦做错了事，就要面临承担责任的问题。但是做错事是不可避免的，从来没有人没做错过事，再聪明的人也有犯糊涂做错事的时候。

一旦做错了事，追究起责任的时候，领导者的表现就会出现上述两种。一种是第一时间站出来主动承担责任，一种是想尽办法千方百计开脱自己。

对于后者来讲，不知道想过没有，无论是哪个下属做错了事，也无论犯了什么样的错误，自己都会有责任，起码是犯了监督不力和用人不当的错误，更何况领导者的责任之一就是教导下属如何去做事。所以，逃避责任的做法是非常不明智的，应该勇于在第一时间站出来承担责任。

在工作中，领导者会犯下或大或小、或这样或那样的过失，这无可厚非。解决此项问题的重要一项是勇敢地开展自我批评，真诚地向相关人员认错、道歉。

有些领导者常有这样一个误区，认为不能让员工看到自己的缺点和错误，那样员工就会不尊重自己。基于这样的错误认识，他们从来不会在员工面前承认错误，尽管很多时候犯下的错误是显而易见的。更有甚者，有的领导者犯下错误后，将责任推诿给员工，以维护自己从不犯错的完美形象。

实际上，这种做法是完全错误的，也是极不明智的，是目光短浅的典型表现。因为一旦如此做了，无论你的借口有多堂皇，有多巧妙，也无论你的权力有多大，都必瞒不过人，会给人留下“敢做不敢当”“没魄力”的恶劣印象。于是，你将失去员工的信任和支持。

更为严重的是，不敢承担责任将会成为你的一种习惯，使得你丧失了面对错误、解决问题和培养解决问题能力的机会。

优秀的领导者总是让人觉得有担当、敢担当，他们会勇于为自己职责范围内的事情承担相应责任，不会动辄把责任推诿给员工，因此也容易获得员工的信赖和支持，事业也更容易取得成功。

领导力箴言

◎领导者，当工作中出现问题的时候，要敢于第一时间站出来承担责任，而不是想出各种理由来搪塞和推卸责任，或者直接将责任推卸给他人。

◎在工作中，领导者会犯下或大或小、或这样或那样的过失，这无可厚非，解决此项问题的重要一项是勇敢地开展自我批评，真诚地向相关人员认错、道歉。

◎优秀的领导者总是有担当、敢担当，会勇于为自己职责范围内的事情承担相应责任。

拉劳士福古

我们对自己抱有的信心，将使别人对我们萌生信心的绿芽。

4. 相信一切都美好的信心

强者不一定是胜利者，但胜利迟早都属于有信心的人。这条规律被称之为“杜根定律”，是美国橄榄球联合会主席D.杜根提出来的，这条定律强调了自信的巨大作用。

一个经常出差的人，很倒霉，总是买不到坐票。但是无论是长途还是短途，也无论车上人有多挤，他却总是能找到座位。他的办法很简单，也可以说很笨，就是耐心地一节一节车厢找过去。每次他都信心满满地从一节车厢，到一节车厢找过去。本来他都做好了走遍全车车厢的准备，但每次都用不到找到最后，就会发现空位。

这个人永远都相信，前面一定会有一个空位在等着他，所以他才锲而不舍地找下去。而每次他都能如愿找到座位。

正是源于自信，源于认定前方一定有美好在等着他，这个人才坚定不移地走下去。事实果然没有让他失望。

有一段话说得非常好：实际上，任何事情本身并不影响人，人受的是对事物的看法的影响。人生来没有什么局限性，无论男人或女人，每个人内心都有一个沉睡的巨人，那就是你的自信。所以不要将自己看成一个失败者，而要尽量把自己当成一个胜利者。

事实证明确实如此，一个人能否胜任一件事，85%取决于态度，15%取决于智力。就是说，如果相信自己能做好某事，那么就有85%的希望能做好这件事。这就是自信的力量。反之，假如这个人是不自信的，那么不自信就会扼杀他的聪明才智，消磨他的意志，从而使他做不好事。

一次，戏剧家斯坦尼斯拉夫斯基在排演一出话剧的时候，女主角因突发事情无法参演了。救场如救火，斯坦尼斯拉夫斯基匆忙中只好让担任剧组服装道具管理的姐姐代替女主角出演。从未有过演员经历的姐姐胆怯地上场，结果糟糕的表演让斯坦尼斯拉夫斯基十分烦躁和不满。

斯坦尼斯拉夫斯基叫过姐姐："你要充满自信，而不要胆胆怯怯，这场戏是全剧的关键，这样的结果，后面的戏是无法进行下去的。"他的姐姐没有说话，而是让斯坦尼斯拉夫斯基帮她梳理了一下剧情，待熟悉后说："好了，排练吧！"

这一次，她一改之前的胆怯、羞涩、拘谨，变得自信起来，感情真挚且收放自如，效果非常好。演出结束后，斯坦尼斯拉夫斯基高兴地说："又有一位表演艺术家诞生了！"

同是一个人，短短时间内竟然发生了如此巨大的变化，只因为之前的她是不自信的，是胆怯的，后来的她是自信的，是有勇气的，仅此而已。

对于一个组织的领导者而言，如果不相信自己的魅力，不相信自己的能力，不相信自己能带领组织成员成功完成组织目标，那么又如何让员工信任你的领导，相信你能带领他们成功达成组织目标呢？

无论何种情况下，领导者一定要自信，相信自己具有实现目标的能力。自信的领导会在工作中制定一个长远又有望达成的目标，并能在自信中激发潜能来实现它。

自信对于一个领导而言非常重要，因为这不仅关系到自己潜能的发挥，还关系到能否实现对现有资源的有效整合，关系到是否能打动下属，带动下属积极实现组织目标。一个有着超凡自信的领导总能用自己的自信感染下属、吸引下属，让下属也变得自信起来，形成整体合力，从而有利于组织目标的实现。

另外，工作中，遭遇挫折和失败是常有的事，领导者如果缺乏自信，缺乏对美好前景的期许，那么又如何让下属变得自信，又如何积极采取措施攻克难关，坚持到达胜利的彼岸呢？所以对领导者来说，挫折和失败不可怕，可怕的是面对失败和挫折时失去坚持下去的信心。

风雨过后是彩虹，世上没有过不去的火焰山，也没有克服不了的困难。在困难和挫折面前，要相信不远的前方一定有美好的东西在等着我们。“望梅止渴”不仅仅讲述了一个巧妙利用人心理的故事，更是展现了一个领导者相信美好的信念。

领导力箴言

◎强者不一定是胜利者，但胜利迟早都属于有信心的人。

◎自信的领导会在工作中制定一个长远又有望达成的目标，并能在自信中激发潜能来实现它。

◎一个有着超凡自信的领导总能用自己的自信感染下属、吸引下属，让下属也变得自信起来，形成整体合力，从而有利于组织目标的实现。

佚名

初次见面时，对方的仪表、风度给我们的第一印象往往是形成日后交往的依据。

5. “美好”形象增强吸引力

作为领导者，无论出入什么场合，往往都会引起人们的关注。他的衣饰外貌和言行举止都可能成为人们评头品足的话题，并由此可能带来有利或者不利的影响。所以，作为领导者，一定要注意自己的形象。

外表形象往往可以反映一个人的内在身体状况和心理状况。这种自然的生理条件和身体素质，对于领导塑造自身完美的形象起着非常重要的作用。

心理学上有一个“美即好效应”，内容是：对一个外表英俊、漂亮的人，人们很容易误认为他或她的其他方面也很不错。这个心理效应广泛适用于人类世界的方方面面。实际上，这是完全可以理解的，毕竟“爱美之心，人皆有之”，谁不喜爱外表靓丽的东西，进而爱屋及乌？这种表现实属人之常情。

领导者也大可利用这个心理效应，把自己装扮得“美”起来，让“美好”的形象为自己增加关注度，博得吸引力，最终帮助自己赢取信任。需要说明的是，这里的“美好”形象不是指靓丽的容颜，而是指领导者适当得体的外在形象。

外在形象一般包括相貌、举止、穿着。一个人的相貌通常会给人留下深刻印象。虽然说相貌天生，我们无法做出选择，但是这不代表我们可以不注重仪表，可以不修边幅。作为领导者，可以不英俊，可以不相貌堂堂，但不可以不干净利落，不神采奕奕。

貌由心生，一个人的外貌受内心影响，如果内心充满自信，充满友爱，充满希望，那么自然会在神态上表现出光彩。因此，领导者不必纠结于自己的外貌不够漂亮、不够英俊，而应在保持外表干净利落的前提下，修炼自己的内心，使容光焕发神采。

在举止方面，领导者要做到站有站相，坐有坐相，充分展现出一个领导者应有的风采。比如始终笔挺挺地坐在办公桌前处理事务，丝毫不显疲态。这样的举止会让下属不自觉地效仿，做事也会全神贯注，不懈怠，不马虎。

相反，如果领导者站没站相，坐没坐相，随意歪在那里做事，下属也会受此影响，举止随意，做事随随便便。因此，领导者要规范自己的举止，尽量“站如松，坐如钟”，给下属做好效仿的榜样。

另外，领导者要学会微笑待人。事实证明，当一个领导者能够以微笑待人接物以及处理其他事情时，就会成功营造出良好的组织氛围，吸引住下属，并激发出下属积极的工作热情和创造潜力。

反之，领导者如果整天愁眉苦脸，唉声叹气，毫无笑容，一副苦大仇深的样子，也一定会感染到周围的员工。久而久之，就会使整个组织陷入“低气压”中。所以，领导者要努力把自信、亲和、愉悦的微笑展现在脸上，为自己增加魅力。

穿着对一个人的外在形象起到很大的影响。对领导者来说，其穿着会对事业的发展起到不可估量的作用，甚至可能左右其事业的成败。这一观点已经为绝大多数领导者所接受和肯定。

俗话说“人靠衣服，马靠鞍”，合适讲究的装扮可以为外在形象加分，而且一定程度上能赢取他人信服。反之，则会有损形象，失去信任。在《成功与衣着》一书中，作者安德鲁写道：“当衣着适合于领导特定的职业和身份时，就会促进成功；反之，衣着不适合于领导的身份，将会有损领导的形象，从而不利于领导气质的培养。”

第二次世界大战中赫赫有名的蒙哥马利元帅以他的“贝雷帽”而闻名：帽子扁软，羊毛质料，上面缀有他麾下主要单位的队徽。“贝雷帽”再配上一件套头衬衫，让他部队的每一个士兵都记住了他随意、独特的形象。哪怕是战斗正进行到最酣的时候，士兵一见到这身奇特的装扮，马上就知道他们的总司令来了。

相反，如果一位总统穿着背带裤站在电视台对全国民众讲话，一定会让民众感到滑稽，甚至遭到他们的耻笑。这样的装扮殊难获取民众的尊重和信任，自然也就没什么吸引力可言。

因此，虽然说穿衣戴帽各有所好，但是作为领导者，在公共场合出现时，却一定要十分讲究自己的穿着打扮。要考虑到自己所领导的是哪一类人，以及自己是什么类型的领导者。要尽量让穿着打扮最大限度展示出自己的魅力，从而增强吸引力，赢取信任。

松下幸之助是跨国大企业松下电器公司的创始人，被誉为“经营管理之神”。可是，你一定想不到他原先就是一个不修边幅、邋里邋遢、头发乱蓬蓬、衣服脏兮兮的脏老头，你无法将这么一个糟老头同一个大企业的领导者联系起来，可事实就是如此。

一次，他以一副“不堪入目”的尊容出现在一个理发店。当为他理发的理发师得知他就是大名鼎鼎的“经营管理之神”后，非常震惊，最后以一副严肃的口气对松下幸之助说：“真是奇怪，作为一个大企业的老板，您怎么会以这样的形象出现呢？您就不担心，您的这副形象会影响到别人对贵公司的印象？”

松下幸之助听懂了这名理发师话里的含义，并认真思考了这件事，他决定改变形象。从此，他一改以前邋遢、脏兮兮的模样，代之以干净整洁的形象示人。许多与他合作的人，纷纷反映喜欢与整洁干净的松下幸之助打交道，对这样的松下幸之助肃然起敬。

在穿着上，领导者要摒弃衣服越贵越好、品牌越响越好的观念。对领导者而言，衣服要干净整洁，而且合适得体，符合自己的年龄、身份。总之，服饰要和自身的形象相匹配。

很多企业对组织成员的着装都有统一的要求和规定。如果有统一的工装，自然要穿工装。如果没有，也要尽量选择素色服装，避免过于鲜艳。领导者一定要以身作则，不要着装夸张，更不要奇装异服，要大方得体，适合身份，做好下属的表率作用。

总之，领导者具有良好的形象，可以增强其感召力、向心力和凝聚力。反之，如果领导者形象不佳，就会渐渐失去对下属的吸引力，进而在一定程度上降低领导魅力。因此，领导者一定要重视外在形象对自己的影响和作用，要充分利用“美即好效应”，借助“美好”形象给自己赢得吸引力，引来追随。

领导力箴言

◎领导者要把自己装扮得“美”起来，让“美好”的形象为自己增加关注度，博得吸引力，最终帮助自己赢取信任。

◎领导者不必纠结于自己的外貌不够漂亮，不够英俊，而应在保持外表干净利落的前提下，修炼自己的内心，使容光焕发神采。

◎当衣着适合于领导特定的职业和身份时，就会促进成功；反之，衣着不适合于领导的身份，将会有损领导的形象，从而不利于领导气质的培养。

罗兰

气质之美与其说是来自内心的修养，不如说它是来自一种对美好事物的欣赏能力。这份欣赏力就使一个人的言谈举止不同流俗。

6. 言行举止中显露精明强干

精明强干是领导能力的一种重要外在体现。如果在言谈举止中，领导者显现出精明强干的气派和作风，自然会赢得他人的好感，进而获得信任和追随。

这就要求领导者，无论在说话、办事还是进行决策时，要做到干脆、利落、不拖泥带水、果断自信、雷厉风行。

这种有魄力的行事作风不是一蹴而就的，需要在日常工作中不断锤炼，方能百炼成金，使它最终成为自己的一种人格特征。在还没有功到自然成的时候，还需要采用一些手段来加以包装，以便在下属面前“装”出精明强干的形象，以赢得他们的信任和追随。下面这些手段非常实用，诸位可根据自身不同情况灵活采用。

（1）说话先说重点

说话先说重点会给人一种很有头脑的印象。这样即使在之后的说话中，逻辑有误或不甚清楚，也不会给人留下思维很混乱的印象。

（2）说话注重目的性

说话要有一定目的，如果说话离开特定目的，东拉西扯，甚至无的放矢，不仅浪费时间，而且容易给人留下做事无序的影响，影响领导形象。因此，领导者说话要坚持“有意而言”的原则。

（3）3分钟内说完一件事

工作中，要尽量养成在3分钟内说完一件事的习惯。过多无关紧要的话会给人留下啰唆、不干脆的印象，同时会造成沉闷的气氛。

（4）用低沉浑厚的声音说话

事实证明，低沉浑厚的声音通常要比高尖轻浮的声音更容易获得对方接受和喜欢，也更易使人获得安全感。心理学研究显示，说话浑厚低沉且回声响亮的人，一般是外向且领导能力强的人，他们的言辞更具有说服力。

另外，为了让说话显得沉稳有力，适宜采用匀速的速度讲话。可以通过阅读报纸来进行此项训练，选读一篇文章，把声音录下来，然后不断进行调整和练习。也可以通过听广播的方式加以训练。

（5）偶尔说一些专业术语

记忆心理学上有一种现象被称为“凝离效果”。很多人都有这样的体验：当坐在车上或者咖啡厅里，听到旁边有人说外语或者专业名词，往往会不由自主地注意他们。这种现象就是“凝离效果”。比如，在一堆数字中有一个特殊符号，那么这个符号一定会特别醒目，会吸引人注意。

领导者在与人谈话时，可利用“凝离效果”。就是在说话中不经意地说一些专业术语，那样就会给对方留下专业的印象，从而增强吸引力，赢得信服。

要注意物极必反的道理，若使用过于频繁，就会使“凝离效果”减弱，甚至消失。这样不仅达不到表现的目标，还有可能产生负面效果，给人留下故意卖弄的不良印象。

（6）约点时间精准到“几点几分”

有些人在与人约定会面时间时，经常会说“几点钟左右”见面。这样的约定会让对方认为你对什么事情都不在乎，是个很随便的人。但是，如果约定精准化，比如约定在“几点几分”见面，则会让对方认为你是个珍惜时间、善于把握时间的人，从而对你产生良好的印象。

（7）频繁地接、打电话

这种“忙碌”往往会给人一种“你很能干”“你很抢手”的感觉，并会进一步赢得对方的信服和追随。很多领导者会让人看到或听到他频繁地接、打电话，给人留下很忙、很能干的印象。

（8）会议的最后要做总结性发言

在参加会议时，作为领导者，如果条件允许，最好要在会议的最后做一些总结性的发言，这样会给别人留下你很重要、很有见识的印象。

（9）表现出关注畅销书籍的态度

对市面上畅销的书籍，可以不必详看，但必须表现出予以关注的态度，这样会给人留下你与时俱进、紧跟时代潮流的印象。

除了上述这些，还有一些小技巧对树立精明强干的形象也很实用。比如，可以不经意地把写满约会事项的记事簿让对方看到；在约定见面时，先看看记事簿后再决定时间，等等。

需要注意的是，在运用以上技巧时，要尽量显得自然大方，不要流露出做作之态。否则，容易被人识别，处于被动局面。另外，要将上述方法、技巧反复应用，使之逐渐形成一种习惯，最后，习惯成自然，也就成了自己的东西，不会显得做作了。

领导力箴言

◎领导者无论在说话、办事还是进行决策时，要做到干脆利落、不拖泥带水、果断自信、雷厉风行。

◎领导者在与人谈话时，可在说话中不经意地说一些专业术语。那样就会给对方留下专业的印象，从而增强吸引力，赢得信服。

◎领导者可以让人看到或听到他频繁地接、打电话，给人留下很忙、很能干的印象。

第四章

做懂用人的领导者——让团队里的每个人都成为千里马

实践证明，领导者在领导活动中，能否创造一个良好的用人环境和用人空间，往往关系到人才的利用和驻留，最终影响到企业发展的成败。显然，有一个良好的用人环境和用人空间必然会吸引人才加入，促进人才利用；反之，则会破坏人才利用，造成人才流失，给企业带来重大不利影响。

史蒂夫·乔布斯

保持我所在团队始终处于一流水平，是我最重要的工作和贡献。

1. 千金买骨，吸纳优秀人才要舍得花钱

《战国策》中有这样一则故事：

古代有一位国君想买千里马。他的一位侍臣对他说："大王，让我为您去买千里马吧！"这位国君答应了。侍臣用了一个多月找到了千里马，但是千里马已经死了。侍臣用了五百金买了千里马的骨头带了回来。

想买千里马的国君很不解，也很生气："我要你买的是活的千里马，你怎么用重金买回死的千里马的骨头？"

侍臣解释说："是这样的，大王，如果大家看见君王连千里马的骨头都肯用重金买回来，就会认为君王是真正想要高价买千里马，就会把千里马主动送上门来的。"

果不其然，此后不到一年的时间，这位国君就得到了几匹千里马，都是千里马的主人主动将马送上门来的。

这个故事告诉我们，要想求得人才，不仅仅要放下架子，还要拿出诚心。诚心的一个重要表现就是要给予对方一个好的待遇，通俗点说，就是

要舍得花钱。

实际上，用千金买骨的方法吸引千里马，或者对优势人才要舍得花钱，都符合心理学上的“海潮效应”。海潮效应是海水因天体的引力而涌起海潮，引力大则出现大潮，引力小则出现小潮，引力过弱则无潮的现象。

世人都爱钱，这是无可厚非的，因为生活在世俗的物质世界里，谁也离不开金钱。正如俗话所说的“钱不是万能的，但没钱是万万不能的”，也正所谓“人为财死，鸟为食亡”。因此，领导者要想吸纳优秀的人才聚集到身边，对其慷慨、舍得花钱是一个非常重要的前提。

燕国的国君燕昭王一心想招揽人才振兴燕国，但并没有多少人才来投奔他。为此，燕昭王整天忧心忡忡，闷闷不乐。

一天，一个叫郭隗的智者给燕昭王讲了“千金买骨”的故事，然后说：“大王要招揽人才，不妨效仿这个故事，首先就从招纳我郭隗开始吧，像我郭隗这种学识不高的人都能被国君吸纳，那些比我本事大的人，必然会不远千里来投奔您的。”

燕昭王采纳了郭隗的建议，大张旗鼓地拜郭隗为师，封他大官，给他丰厚的俸禄，并为他建造了豪华的宫殿，修筑了“黄金台”。

不久后，就有很多有才能的人不远千里、万里纷纷来投奔，为其效力，形成了“士争凑燕”的壮观局面。投奔而来的人才有魏国的军事家乐毅、齐国的阴阳家邹衍，以及赵国的游说家剧辛等。落后的燕国很快就人才济济，成为一个人才强国了。

燕昭王正是通过给予其丰厚的待遇来吸引四方有才能的人纷纷投奔，最终达到了吸纳人才的目的。试想一下，如果燕昭王吝啬守旧，舍不得花钱，必然不会让那么多有才能人士不远千里、万里来投奔。

有了金钱的驱动和保障，才会让人在一定程度上安心工作。李嘉诚在被问及自己公司为什么人员变动小，特别是高级行政人才流动性更低时，他这样回答："第一，要给对方好的待遇，公司的成绩跟他百分百挂钩。第二，要给对方好的前途，让他有一个责任感。"

乔布斯为了吸引程序设计员布鲁斯·霍恩加盟苹果公司，为其提供了1.5万美元的津贴。虽然不能说是这1.5万美元打动了布鲁斯·霍恩，使其加盟苹果公司，但其肯定起到了一定的作用。

看来，要想吸引人才就要尽量给予其一个好的待遇，实行物质激励机制。物质激励机制形式不一，通常包括高薪酬、高奖金、高分红等，具体措施可根据实际情况灵活采用。当然，吸引人才并不能仅仅依靠给予其好待遇，其他方面也非常重要，物质激励只不过是其中一个很重要的因素而已。

如果领导者利用好物质激励，力所能及给予对方一个好的待遇，一定会打动对方，让对方怦然心动，从而不远千里、万里来投奔你。

领导力箴言

◎领导者要想吸纳优秀的人才聚集到身边，对其慷慨、舍得花钱是一个非常重要的前提。

◎要想吸引人才就要尽量给予其一个好的待遇，实行物质激励机制。

◎领导者利用好了物质激励，力所能及给予对方一个好的待遇，定会打动对方，让对方怦然心动，从而不远千里、万里来投奔。

彼得·杜拉克

用人的精髓不在于如何减少人的短处，而在于如何发挥人的长处。

2. 善于发现人才，识别人才，利用人才

曾国藩说过这样一句话："宁可不识字，不可不识人。"这句话虽然有些偏颇，但是却也突出了识人、知人的重要性。

俗话说"知人善任"，"善任"的前提是要发现人才，识别人才。现实生活中，有些人才很出众，一目了然，很容易就能被发现。而有些人才很低调，常淹没在人群中，不容易被发现。这就要求领导者要具有一双善于发现人才的慧眼，能够透过表面现象看清各色人物的高下低劣。

在识别人才时，要注意的是，不但要看其工作业绩，还要看其品德修养；不但要观其言，还要察其行，最后综合起来，定其优劣。正如诸葛亮所说："夫知人性，莫难察焉。美恶既殊，情貌不一，有温良而为诈者，有外恭而内欺者，有外勇而内怯者，有尽力而不忠者。"

在发现人才、识别人才后，还要进一步"知人"。对于领导者来说，所谓的"知人"，就是要知道自己所要用的人有什么才能，他们的才能是哪些方面的，适合什么样的工作。

了解清楚这些后，才能进入"善任"的环节。正所谓用人要"用人之能"，发挥其所长，用其所好。大才大用，小才小用，专才专用，力求扬

长避短，合理调配，方为“善任”。用一句话来概括其精髓，那就是让合适的人做合适的事。

美克得公司的主要业务是经营唱片和音响，曾风头一时。但受第二次世界大战的影响，公司的业务锐减，最终被松下电器兼并。为了让美克得公司重新恢复元气，松下幸之助选择了曾有过外务大臣任职经历的野村吉三郎作为美克得公司的总经理。

但是松下幸之助的这项决定却遭到了松下集团很多人的质疑和反对。原因是野村吉三郎没有丰富的经商经验，也不懂音乐和唱片。在一次集团干部会议上，一个中层领导提出美克得可考虑与美空云雀签约出唱片。野村吉三郎却问道：“美空云雀是谁？”众人哗然。

要知道，美空云雀是当时日本最红的歌星，而一个唱片公司的经理居然不知道。这又使得众人对这项任命感到草率，甚至是荒谬。

但是松下幸之助却坚持认为，这项任命没有问题。他之所以选择野村吉三郎担任这个职务，当然并不是看中他曾经辉煌的经历，而是看中他过人的领导才能。在他看来，野村吉三郎会用人，会带团队，而且为人谦虚好学，知道身为一个领导者该干哪些事。美克得不缺少技术人才，而是缺少一个善于领导的人，所以松下幸之助认为野村吉三郎是最合适的人选。

野村吉三郎也确实没有辜负松下的期望。在他的协调指挥下，美克得公司每个有才干的人各得其所，极好地发挥所长，终于使公司的业务逐渐提升。野村吉三郎用事实证明了松下的选择没有错。

正如松下幸之助所认为的，他看中的是野村吉三郎优异的领导能力，而非行业知识和专业技术。

具体来说，要做到发现人才、识别人才、利用人才需要做到：

（1）找准人之所长

用人之所长的前提是找到人的所长，这个“人之所长”不单单是指人才所拥有的知识、技能，还包括人才的人格、性格、价值观等。在寻找这些“人之所长”时，领导者要做到公正、大公无私，不要受成见、偏见的影响。具体可通过个人简历、评估报告、面试、心理测试等方式寻找和发现。

（2）发挥人之所长

在了解清楚这些“人之所长”后，就要将之应用到合适的地方。就是为其找到适合发挥的岗位或者平台，让其发挥应有的作用，做到“智者尽其谋，勇者竭其力，仁者播其惠，信者效其忠”。

同时，在配置人才时，还要注意把不同性格、不同才能、不同专长的人，优化地组合起来，使其相互补充，相得益彰，最终发挥出群体优势，提高整体效能。

（3）锤炼人之所长

让人才在合适的岗位上不断接受工作的“洗礼”，就会起到强化、锤炼人才之所长的作用，让其更强，优越性更明显。

另外，还要适时地开展有针对性、个性化的培训，增其所长，补其所短，这样让其之“长”更加突出，更加醒目。培训可采取多种方式，比如在职学习、脱产培训、助理见习、实践锻炼等方式。

有些时候，会出现下属的才干与岗位不合适的情况。可能当初很合适，但随着客观情况的变化，岗位性质发生了变化；也可能随着人才在岗位上的锻炼，才干得到增长。总之，岗位和才干已经变得不再合适。这种情况下，作为领导者要及时发现这种变化，及时给予调整，使岗位和才干，相得益彰，保证岗位适合人才发挥才干。

另外，领导者还要把用人的激励和约束机制，用人的制度和环境与用人的技巧结合起来，才能更好地发现人才和利用人才。

总之，作为领导者，要善于发现人才，识别人才，利用人才，一定不要对人才视而不见，更不能埋没人才。努力创造一个良好的可以人尽其才的环境和空间，让人才得到合理利用。

领导力箴言

◎领导者要具有一双善于发现人才的慧眼，能够透过表面现象看清各色人物的高下低劣。

◎领导者要把用人的激励和约束机制，用人的制度和环境与用人的技巧结合起来，才能更好地发现人才和利用人才。

◎领导者要善于发现人才、识别人才、利用人才，一定不要对人才视而不见，更不能埋没人才，努力创造一个良好的可以人尽其才的环境和空间，让人才得到合理利用。

史蒂夫·乔布斯

我过去认为一位出色的人才可顶两名平庸的员工，现在我认为能顶50名。

3. 放开手脚，不拘一格起用人才

不在其位，不谋其政，任何一个人都很难百分百具备他没有担任过的职务要求的能力，也就是说，没有完全胜任多种职务的全才。一般来说，只要能够具备30%的职业技能就可以大胆启用，余下的30%技能可以在岗位上锻炼获得。

人才是企业发展不可或缺的，没有人才的加盟，企业会失去生机活力，会失去市场竞争力。因此，作为领导者，一定要重视起人才引进的重要性。

在起用人才方面，清代诗人龚自珍曾诗云："我劝天公重抖擞，不拘一格降人才。"这就启示领导者，起用人才不应受到多种不必要的限制，要主动放弃保守落后的用人观，放开手脚，不拘一格起用企业发展需要的各种人才。

（1）不重资历重实力

很多领导者受传统观念影响，在用人时，不自觉地以资历来衡量，采取论资排辈的用人模式。殊不知，这样一来，使很多有能力的人才不被提拔、任用，给企业造成了巨大损失。

显然，这种用人模式是落后的，是缺乏市场竞争力的。市场的竞争某种程度上是人才的争夺，在激烈的市场竞争中，只有打破论资排辈的用人模式，不重资历重实力，敢于破格起用人才，才能有利于人才的引进，吸引人才加盟，使真正的有识之士有机会得以施展才华。进而激发起人才的积极性、主动性和创造性，保持企业强劲发展后劲，使企业焕发生机和活力。

为了占领更大的市场，松下幸之助计划在金泽市设立一个销售网点。由于公司内一些有开拓精神的经理都在忙着各自的业务，分不开身，松下幸之助决定起用一个刚进公司没多久的年轻人。在他看来这个年轻人办事有魄力，而且很有头脑。

松下找来这个年轻人："公司决定在金泽市设立一个销售网点，我准备派你去主持开拓工作，你有信心吗？"

年轻人先是很惊愕，因为自己毕竟进公司没多长时间，但是他看着松下幸之助信任的眼神，豪气顿生，毅然回答："我有信心能办好此事！"

这个年轻人将准备工作做好后，就来到金泽市开展各项活动，不到一个月的时间就将网点成功设立起来，然后沉稳有序地开展起各项后续工作。

（2）任用比自己强的人

领导者应有举荐人才的美德，当发现自己某方面不如下属时，要有勇气让贤。只有敢于任用比自己强的人，才有可能完成超过自己能力的伟大事业。

虞丘子为楚国的强大殚精竭虑，呕心沥血，立下了汗马功劳，由此深得楚庄王的宠信。楚国强大后，他却向楚庄王举荐地位远不如自己的孙叔敖代替自己管理楚国。在他的一再坚持和恳求下，楚庄王答应了他的要求，让孙叔敖代替虞丘子管理楚国政务。孙叔敖任职后，果然不负众望，把楚国治理得非常强盛。

虞丘子发现孙叔敖的才干要强过自己，果断让贤，这一行为成就了孙叔敖，也给自己留下了让贤的千古美名。

有些领导可能担心任用比自己强的人会危及自己的地位和威望，实际上这种担心是没有必要的。虽然下属某些方面的才能超过自己，但综合才能还是不够的，领导之所以为领导，是其综合才能好的缘故。恰恰相反，若领导者能做到敢于任用比自己强的人，一定会为自己赢得美名，获得他人的信服和尊重，从而增加吸引力。

（3）大公无私任人唯贤

用人应从大局出发，大公无私，当唯贤，勿唯亲，坚持“唯才是用”的用人原则。

祁黄羊为晋悼公时期的重臣。年岁大了，祁黄羊向晋悼公递交了辞呈。离职前，晋悼公问祁黄羊：“南阳缺少个县令，何人担当合适啊？”祁黄羊回答：“解狐可以胜任。”

晋悼公有些奇怪：“解狐不是你的仇人吗？”祁黄羊回答：“您问我‘谁可以担任南阳的县令’，没有问我‘谁是我的仇人’。”

晋悼公听后，很是敬佩，说道：“好的，明白了。”于是就任用解狐为南阳县令。事实证明，解狐非常称职。

过了几天，晋悼公又来问祁黄羊：“朝廷还缺个尉官，您看谁可以胜任？”祁黄羊回答：“祁午可以胜任。”晋悼公随即问道：“祁午不是您儿子吗？”祁黄羊回答：“您问的是‘谁可以担任朝廷尉官’，又没问我‘谁是我的儿子’。”

晋悼公听从了他的建议，让祁午担任朝廷的尉官。事实也证明，祁午也很适合这个职位。

正如孙子知道这件事后所说：“祁黄羊的主张好啊，外举不避仇，内举不避亲，祁黄羊真是秉公无私啊。”

（4）敢于任用"逆才"

有些领导喜欢任用那些一贯顺从自己的人，而不愿用那些爱自作主张、敢于跟自己顶嘴的人。这种行为往往使一些有真才实学和发展潜力的"逆才"遭到排挤和埋没。

实际上，"逆才"不见得一定是有敌意的人，而往往是一些敢于直言、襟怀坦白、才华出众的人才。之所以被冠以"逆才"，是因为他们不愿趋炎附势，而是常从本意出发，说一些领导不愿听的逆耳之言。

作为领导者，要具体情况具体分析。对他人提出的不同意见，只要符合实际，对改进工作、发展事业有利，即使再尖刻、逆耳，也应该认真听取，虚心接受。对提意见的人要敢于任用，使其发挥应有的作用。

总之，作为领导者，要从大局出发，从整体利益出发，敢于打破各种不必要的用人框框，放开手脚，不拘一格起用人才，努力创造一个良好、健康的用人环境，吸引人才加入、追随。

领导力箴言

◎领导者起用人才不应受到多种不必要的限制，要主动放弃保守落后的用人观，放开手脚，不拘一格起用企业发展需要的各种人才。

◎领导者能做到敢于任用比自己强的人，定会为自己赢得美名，获得他人的信服和尊重，从而增加吸引力。

◎领导者要从大局出发，从整体利益出发，敢于打破各种不必要的用人框框，努力创造一个良好健康的用人环境，吸引人才加入、追随。

司马迁

君子用人如器，各取所长。

4. 量才用人，也要量人对人

人才对企业的发展至关重要，关系到企业的兴衰成败。作为领导者，一定要懂得人才的重要性，知道如何尊重人才、爱惜人才。

美国钢铁大王卡内基认为如果把自己公司的厂房、机器设备破坏了，最多十年就能恢复元气，但如果把自己手下的人才都赶走，那么即使二十年也发展不起来。他在自己的墓志铭中写道："这里葬着一个普通的人，他善于把才能超过自己的人组织到手下工作。"可见他对人才有多么重视。

正所谓"尺有所短，寸有所长"，事物各有所长，人才也有差异。有的人喜欢做有挑战性的工作，愿意接受艰巨任务的考验。而有的人则不喜欢挑战性的工作，愿意按部就班地处理那些常规小事。

作为领导者，要知道这些差别，量才用人，量才对人，区别对待他们，以发挥他们各自的作用。

清朝名将杨士齐很善于量才用人。他认为只要善于用人，军中就没有不可用之人，包括残疾人都有用武之地。如让耳聋者当贴身勤务兵，这样就不用担心自己不想让别人听的话被传出去。让哑巴去送机密文件，这样就能做到打死也不会开口泄密。利用盲人听觉灵敏的特点，安排其到前线听敌人动静。利用腿残疾人手灵活的优势，安排其制造弓箭等武器。

这样扬长避短，变短为长，达到了量才用人的目的，可谓巧妙之极。

再看一例：

一次，武则天问狄仁杰："朕想得一贤士，爱卿，有何见教？"狄仁杰就问："不知陛下想得到哪方面的贤士？"

武则天说："朕想用将相之材。"狄仁杰说："好办，荆州长史张柬之是这方面的人才，可以起用。"于是武则天任命张柬之担任洛州司马。

一次，武则天又向狄仁杰问起谁可以担任将相之责。狄仁杰说："陛下，臣已经推荐张柬之，怎么还未任用？"武则天说："朕已经任命他担任洛州司马了！"

狄仁杰说："臣向陛下推荐的是可以担任宰相的人才，不是推荐司马之才！"于是，武则天又把张柬之任命为侍郎，然后，又任命其为宰相。

看来，人才真是要量才使用的。宰相之才任用为司马，是大材小用。司马之才任用为宰相，是小才大用，无论是大材小用，还是小材大用，都是不合时宜的，也都不是量才使用。

英国管理学家E.特雷默也认为：每个人的才华虽然高低不同，但一定各有所长。因此在选拔、任用人才的时候要着眼于他们的优点而不是缺点，要利用个人擅长的才能委以相应的责任，使其各安其职。这也就是要求用人要量才使用。

用人一定要坚持量才使用，小才大用，力不胜任，势必会贻误工作；大材小用，才力有余，浪费不说，且有可能引起人才反感和不快，带来一些不必要的麻烦。高才低用、优才劣用、专才别用都是没有做到量才用人，都是对资源的浪费。

领导者要努力做到因事设人，量才任职，就事择人，就能授职，做到人事相宜。这样才有可能让各级人才发挥应有的作用，也才会得到人才的支持和拥护。

这里的量才用人的“才”不仅指学历、证书这些理论性的学习凭证，更重要的是看其能否在实际的工作中切实做出一些成绩。那些只看、只重学历的领导者势必会造成一些用人的误区，进而影响组织的发展。

领导者在量才用人时，通常要兼顾到以下4方面：

（1）因需设岗

即领导者要根据组织的需要设置岗位，而不要因人设岗。“因人设岗”必然会产生一些闲职，容易产生责任推诿和导致工作懈怠，影响组织的发展。

（2）工作要有挑战性

领导者可以给相应岗位的人设置一个稍高于他们现有能力的目标，以调动他们的工作积极性，提高其工作动力，增强其战胜困难的信心。如果员工没能完成这个稍高于他们现有能力的目标，领导者要进行适当的调整或者给予适当的支持和帮助，切莫用惩罚的方式对待，以防损伤到员工的自尊心和自信心。

（3）适当进行岗位调整

领导者如果发现员工与所在的岗位不相匹配，或是大材小用，或者是小材大用，都要及时进行岗位调整，而不要非等到一定任期后再做出调整。实际上，让员工找到最适合自己的岗位，能充分发挥自己的能力，可以实现企业和员工的双赢。

（4）通过考核评估来用人

用人需要通过严格的考核评估制度，力争让任命标准化、透明化。这样一方面能更为准确地任命人才，使人才人尽其力；另一方面，也可以让其他员工信服，让他们明白公司的任用、晋升是靠成绩而非关系，这会让他们更加努力工作。

在量才用人之外，还要懂得量才对人，这样才能让人感受到自己的真正价值，从而会更加珍惜现在。反之，如果不懂得量才对人，则极有可能让对方感到不公正，进而心情不爽，并由此做出一些不好的事情来。

一个部门经理很是精明能干，为公司赚取了很多利润。这一点公司的老板内心十分清楚。为了鼓励他更努力地做事，为公司赚取更多的利润，老板给他每个月涨了2000元的工资，同时也给其他部门的经理月薪涨了2000元。

可是不久后，这个能干的部门经理就辞职走人了。对这个老板来说，这件事完全出乎他的意料，因为他刚给这个部门经理涨了工资。按理说，他应该没有理由辞职。但问题恰恰就出在这里，答案可以从这个部门经理辞职的理由中找到。这个部门经理辞职的理由很简单，就是公司老板处理事情不够公平，做事不讲究原则。

公司老板没想到自己为了追求平衡却失去了公平，致使人才流失，给公司和自己造成大损失。

这个公司的领导者错在不知道人才是需要区别对待的，不知道搞“一刀切”极容易严重挫伤那些追求卓越的人的工作热情和工作积极性。特别是在人才至上的现代社会，不懂得区别对待人才，不知道将人才放到一个合适高度的位置，终会被人才所弃。

对那些锋芒毕露的人才，领导者一定要呵护好，既要防止“棒杀”，还要防止“捧杀”。往往优点突出的人才，其缺点也可能很“突出”。正所谓“有才者不拘小节”，对这类人才，领导者既要用其所长，也要善于“容忍”他的缺点，主动团结并予以重用。当然，容忍他的缺点不是放任自流，对其缺点不批评，而是要采取合适的办法和途径对其予以帮助，改正其缺点。

另外，领导者一定要尽其所能扫清人才利用上的障碍，努力创造一个良好的用人环境和空间，防止外界事物“干扰”人才的利用，给人才以最大的方便。

对那些喜欢做小事的人才，同样要予以尊重和重视，不能看轻其所为。毕竟不可能件件事情都是大事，都需要大的人才来处理解决，正所谓“红花还需绿叶扶”，一般人才也是企业所不可或缺的。总之，事得其人，人尽其才，各尽其力，就达到了量才用人、量才对人的目的了。

领导者箴言

◎作为领导者，一定要懂得人才的重要性，知道如何尊重人才、爱惜人才。

◎作为领导者，要知道人才的差别，量才用人，也要量才对人，区别对待他们，以发挥他们各自的作用。

◎领导者一定要尽其所能扫清人才利用上的障碍，努力创造一个良好的用人环境和空间，防止外界事物“干扰”人才的利用，给人才以最大的方便。

张瑞敏

人人是人才，赛马不相马，给每一个愿意干事的人才以发挥才干的舞台。

5. 给实干者创造一个舒心工作的舞台

实干者是一个企业目标得以实现的重要因子，关系到领导目标能否有效实施和最终实现。因此，作为领导者一定要关心呵护好企业中的实干者，努力为他们创造一个舒心的工作环境，以利于他们开展工作。

实干者通常具有事业心强、负责任、工作热情高、工作积极且不计较个人得失的优点。因此，领导者要对实干者另眼相看，认识到其对企业发展的重要作用，对其委以重任，给他们更多挑战性强的工作，以使他们做出更大的成绩，显示出他们更高的价值。

这样做的另外一个好处是可以让实干者感受到被企业和领导所重视，增添他们的自豪感，调动他们的工作积极性，从而有利于企业目标的实现，利于企业的发展。

虽然实干者能者多劳，但是领导者一定不要因此对其他人降低标准，采取宽容放任的态度，任凭他们投机取巧、藏奸耍滑。否则会让实干者有一种被愚弄、被欺骗的感觉，失去心理上的自豪感，并进而丧失工作热情和工作积极性。

企业中有实干者，也有务虚者，两者截然对立。实干者注重实干，不善协调联络，而务虚者，不愿意实干，却往往具有很好的协调能力。实干者通常是踏实肯干、吃苦耐劳之辈，与那些务虚者相比，他们过于墨守成规，爱较真，机动灵活性不足。

对于这两类人，领导者要注意保持平衡对待，不可过于垂青务虚者，忽视实干者。否则会让实干者有一种被冷落的感觉，从而丧失工作积极性和进取心，最终损害企业的发展。正确的做法是在工作上向实干者倾斜，交际协调的事交给务虚者。

由于实干者爱较真，不善于协调人际关系，在工作中，他们经常会有不顾或者很少顾及形式以及领导意图的表现。有的时候甚至会因某事与领导争得面红耳赤，不给领导面子，让领导下不来台。

这个时候，作为领导者，要尽量从实干者的个性上去考虑这些事，认识到他们的行为主观上没有恶意，主要是其个性所致。因此要以宽广的心胸包容他们的“不通情理”，谅解他们的行事幼稚。不但如此，还要尽量满足他们的合理要求。

也正是由于个性的耿直、对世俗的不顾及以及令人嫉妒的成绩，实干者很容易遭受各种误解和打击，而且有些攻击和中伤还是部分人有意为之。在这种情况下，领导者要站在人道主义的高度，从有利于企业发展的角度出发，及时调查清楚情况，还实干者一个清白，给予实干者以最大的保护。

总之，对于实干者，领导者要高度认可他们对事业高度负责、不计较个人得失、吃苦耐劳、一心为公的精神，主动想方设法为他们创造有利于他们发挥所长的工作环境，主动给予他们最大的保护，给予他们应得的报酬，补偿他们因实干而失去的东西，让他们工作得安心、舒心。

领导力箴言

◎领导者要对实干者另眼相看，认识到其对企业发展的重要作用，对其委以重任，给他们更多挑战性强的工作，以使他们做出更大的成绩，显示出他们更高的价值。

◎领导者要高度认可实干者对事业高度负责、不计较个人得失、吃苦耐劳、一心为公的精神，主动想方设法为他们创造有利于他们发挥所长的工作环境，主动给予他们最大的保护。

◎领导者要给予实干者应得的报酬，补偿他们因实干而失去的东西，让他们工作得安心。

杰克·韦尔奇

惩罚失败的后果是，没人会勇于尝试。

6. 允许失败，鼓励创新

企业要想在瞬息万变的全球化市场环境中取得长远发展，就要不断创新，而创新就有犯错误和失败的可能。这个道理如初学走路。

初学走路会有摔跤的可能和其他危险，但是不能因为有摔跤的可能和其他危险，就不学走路。摔跤是学会走路必然要经过的一个阶段，不摔跤，怎么能学会走路，正如马克思所说："要学会走路，也要学会摔跤。而且只有经过摔跤，才能学会走路。"

员工的创新对于企业的发展至关重要，没有员工创新的企业将是死气沉沉，缺乏生命活力的。对此，作为领导者一定要有充分、清醒的认识，并在此基础上，鼓励下属创新。

对于创新中可能遭遇的挫折和失败，领导者一定要秉持正确的认知：创新是开辟一条与之前不同的新路，遭遇荆棘和砾石很正常，是组织和个人成长中必须付出的代价，不必对此大惊小怪，要以平常心来对待，更不要因噎废食，害怕失败。

在马云看来，怕犯错，怕失败，就不会有明天。"湖畔论道"时，他讲道：

“我们的阿里巴巴要想走向创新，很重要的一点就是我们这些人不要怕犯错误。怕犯错误，我们就不会有明天了。也不觉得一定是怎么样，要大胆尝试。B2B、C2C在未来的变数很多，但是有一样东西，我刚才讲了，我们要引进各种各样的人才，包容各种各样的人才。”

要是因为怕犯错误，怕失败，就裹足不前，就不敢尝试，那何谈梦想的实现，何谈企业的长远发展？因此，英明的领导者通常会鼓励员工犯些“合理性错误”，以求换来企业和个人的成长，为企业的长远发展积淀力量。

IBM有一位高级技术人才，在创新工作中遭遇失败，并因此给公司造成至少1000万美元的巨额损失。面对如此重大的损失，这位高级技术人才有些心灰意冷，料想肯定会受到公司的严惩，计划引咎辞职。

但是事情却并没有像他想象的那样发展，原因在于，IBM的董事长认为这位技术人才的出发点是没有问题的，而失败是创新工作中常有的事，由此造成的损失是企业应该交的“学费”，不应该完全算在这位技术人才身上。

这个明智的董事长进一步想到，如果让这位技术人才继续研发下去，肯定能够比其他人更快地取得成功。于是，他决定不开除这位技术人才，并继续支持他将创新工作进行下去。

这位技术人才感激涕零，重新振作精神，又一次全身心投入到研发工作中去。这次没用多长时间，研发工作就取得了阶段性的进展，为企业发展奠定了有力的基础。

阿里巴巴如此，IBM如此，西门子公司也如此。西门子公司允许甚至欢迎员工犯错误，在公司领导者看来，如果员工在几次错误之后变得聪明了，成长了，对公司无疑是有利的。

允许失败是对待创新的科学态度，诸葛亮曾说过“善败者不亡”的名言，话中蕴含的道理是一样的。实际上，如果能够做到坚持不懈，失败实际是不存在的。

爱迪生在发明电灯的过程中，经历了1999次失败，曾经有人问他是否打算尝试第2000次的失败，爱迪生答道："那不叫失败，我只是发现那些方法做不出电灯来。"

换个角度看，爱迪生那前1999次试验真的不叫失败，也是成功，他只是成功发现了1999种不能做灯泡的方法。

正由于创新路上布满荆棘和砾石，员工需要面对大大小小的挫折，身心都将经受严厉考验。因此，作为领导者在员工创新的过程中，要尽己所能鼓励和支持他们，尽量为他们提供一个好的环境，努力帮助员工获得更多的有用的资源。

领导者要努力创造这样一种氛围：鼓励、提拔、奖励那些敢于创新、勇于创新的员工；允许、宽容员工在创新中所犯的错误；让员工在错误中接受教育和学习知识。

美国投资界曾流行"给失败者加分"的做法，就是美国硅谷风险投资家在评估科技人员技术项目的科技含量和预期收益时，对曾经遭遇过失败的科技人员给予加分的待遇。这是因为在他们看来，失败过，就意味着创新过；失败过，取得成功的可能性就大些。

创新过程中，遭遇了挫折或者失败后，领导者一定不要指责和批评他们，而应第一时间宽慰他们，给予他们心灵安慰，并鼓励他们继续努力，继续奋斗。

如果领导者对创新失败的下属一味批评，一味挖苦，只会打击下属的积极性和创造性。其工作热情会一落千丈，并进而会对领导者和企业失望，严重者会产生离去之心，从而在根本上动摇企业的根基。

总之，领导者要站在利于企业长远发展和个人成长的高度，宽容员工在创新中的犯错和失败，并给予其适当安慰，鼓励其继续努力，坚持不懈地将创新进行下去。

领导力箴言

◎对于创新中可能遭遇的挫折和失败，领导者一定要秉持正确的认知，不必对此大惊小怪，要以平常心来对待，更不要因噎废食，害怕失败。

◎领导者要努力创造这样的一种氛围：鼓励、提拔、奖励那些敢于创新、勇于创新的员工；允许、宽容员工在创新中所犯的错误；让员工在错误中接受教育和学习知识。

◎领导者对创新失败的下属一味批评，一味挖苦，只会打击下属的积极性和创造性。其工作热情会一落千丈。

贝克尔

人们一旦被贴上某种标签，就会成为标签所标定的人。

7. 学会授权，让下属帮着做事

权力是柄双刃剑，领导者要努力做权力的主人，而不要成为权力的奴隶。要知道，权力只是达到目的的一种手段。因此，不必抱着权力死死不放，只需要把处理大事的主要权力抓在手中，而将那些次要权力授权给下属，让他们帮自己分担相应的责任。优秀的领导者从来不会做那种“把自己累死，把下属闲死”的傻事。

一个企业老总曾说过这样一段话：

“在我从事领导者的工作中，有这样一个教训——千万不要一个人独揽大权，而要仔细挑选人才、雇用人才，然后授权给他们负责处理，让他们独立做主，并对他们的行为、表现负最后的责任。同时，我还发现，一个领导者的成功，不是他自己的成功，而是帮助他下属成功，而这便是这位领导者的成功，便是整个企业的成功。”

这段话表明，作为领导者要学会充分利用下属的力量处理事情，懂得利用授权来发挥团队协作的精神。授权是企业发展的客观需要，也是领导发挥自身魅力、吸引追随者的需要。

古人云："自为则不能任贤，不能任贤则群贤皆散。"喜欢事必躬亲的人，往往不能够任用有贤能的人。这样就会导致很多有才能的人不能为其所用，就不会创建一个由众多贤能者组成的组织，从而大大限制了自身的发展。

领导者的主要精力应该放在领导上，要学会"抓大放小"，不要专注于日常事务上。对于那些可以交由下属完成的事，一定要果断地授权下去，给他们发挥才干的空间，激发他们的工作积极性和潜力，给企业发展提供活力。

孔子的一个名叫巫马期的学生曾担任鲁国单父县的县令。他在任期间呕心沥血，兢兢业业。一年后，该县大治，而巫马期也由于劳累过度病倒了。

孔子又推荐自己的另一个学生宓子贱担任单父县的县令。宓子贱弹着琴、哼着小曲踏上了自己的赴任之路。正式赴任后，他经常弹琴哼曲、下棋钓鱼，整日优哉游哉。一晃一年过去了，单父县依然大治。

巫马期找到宓子贱。看着年轻健康、精力充沛的宓子贱，巫马期颇有感慨地说："同为县令，你有个好身体，我却病怏怏，我的仕途被自己的病耽误了。"

没想到宓子贱却说："错了，我们的差别不在身体，而在领导方法上。你想凭一己之力来换取单父县大治，但一个县需要处理的问题那么多，个人能力和精力有限，强行去做，如何能不累倒？而我则是在最大限度上去调动各路能人来为我工作，这样既能取得大治，也不必过于劳损我的精神。"

从巫马期和宓子贱两种截然不同的行为中可以看出授权的重要作用和意义。

从用人的角度上说，如果领导者事必躬亲，一方面显露出对下属的不信任，另一方面也会使下属失去施展才能的机会。这样势必会使下属的主观能动性和工作积极性大受打击，不利于领导者领导力的发挥，进而影响企业的发展。

诸葛亮是三国时期赫赫有名的军事家，才智超群，且有很大的权力。但就是这样一位智者，却不擅长授权，习惯于事必躬亲，大事小情都要亲自过问，日理万机，真是“鞠躬尽瘁，死而后已”。结果间接地造成了蜀汉人才的断档，而自己也积劳成疾，过早地离世，真是令人扼腕惋惜。

很多领导者认为自己不授权给下属是迫不得已，是有苦衷的，他们会列出很多他们认为不能授权的客观理由。比如怀疑下属解决问题和制定正确决策的能力，担心把事情搞砸；不愿意让下属分担自己的权力，使自己的威信受到影响；不愿承担授权有误的风险，进而把他人应负的责任揽到自己身上；担心失去对任务的控制，而使事情变得一团糟……

这些理由看上去很充足，很正常，但是他们却忽略了不授权的负面影响。更为严重的是，这些负面影响是不会自动消失的，只要不授权，它们就永远存在。因此，无论不授权的理由有多充足，有多客观，原则上都是不对的，一定要学会授权。

授权是有一定讲究的，不是随便指派一下谁来负责此项任务就完事，而是要遵循一定的规则和技巧。这样才能实现有效的授权，并让授权起到激励的作用。可通过下面5步完成有效的授权：

第一步：分清大小权力

什么是大权？什么是小权？大权和小权是具有相对意义的划分，主要是相对领导者所处的位置而言。从涉及的范围来看，事关全局的权力，就是大权。从权限的角度来看，下属不能处理决定的问题，须由领导决定，这种权力也是大权。

从权力的性质来看，权力可分为决策权、运行权和执行权。很显然，对于一个组织而言，最重要的是决策，因此决策权属于大权。运行权中，那些带有垄断性的权力具有“不可替代性”，也属于大权。执行权是关于一般操作的权力，通常属于小权。

第二步：细分责任

这是授权的第一步，也是最基础和最重要的一个环节。此环节的目的是让受权者明确这次授权必须要完成的既定目标，明确此次授权涉及的范围和程度，以及目标完成后检验的标准。

第三步：授予权力

就是授予受权者完成此次任务的权力。同时，最好授权者和受权者要进行当面的沟通，以便就某些问题达成共识，促进授权顺利进行。

第四步：检查和追踪

这一环节也很重要，但是却被很多领导者所忽视。授权应该是一个密切的、封闭的系统。在细分责任、授权之后，还要对所授权要求完成的事务进行检查和追踪，以便掌握进度和完成情况。

第五步：结束评估

任务完成后，要进行一次任务完成评估。这是授权的最后一个环节，结果不是重要的，重要的是通过这个环节做一次总结，以便在下次授权时能够做得更好。

在按照上述的步骤进行授权时，要把握好一个度的问题，防止过犹不及。比如已经授权了，却横加干涉，越级指挥，以及事无巨细，事必躬亲，还有没有正式的授权制度和文件，这些行为都妨碍了授权的有效性，等于不授权，也就是假授权。

另外，授权时要注意不要选错了对象，即授权给不合适的下属，致使授权事倍功半，这也属于失败的授权。一定要引起注意。

总之，领导者要努力做那些别人不能做也不适宜做的事情，而尽量不要做那些别人可以做、能够做、应该做的事情。

只有做到抓大放小，做自己应该做的事情，领导者才能让自己成为团队的中心，获得团队成员的认同，也才能让团队围绕自己不松散，更有凝聚力。否则，团队就会因没有中心围绕而松散下来，团队成员也会因为无方向感而变得颓废和消极。

领导力箴言

◎领导者不必抱着权力死死不放，只需要把处理大事的主要权力抓在手中，而将那些次要权力授权给下属，让他们帮自己分担相应的责任。

◎领导者在细分责任、授权之后，还要对所授权要求完成的事务进行检查和追踪，以便掌握进度和完成情况。

◎领导者要努力做那些别人不能做、也不适宜做的事情，而尽量不要做那些别人可以做、能够做、应该做的事情。

马云

最大的挑战和突破在于用人，而用人最大的突破在于信任人。

8. 制作一张清晰的“授权工作清单”

理想的授权可以让领导者从繁多的琐事中抽身出来，集中精力去做那些关系重大的事情，专注于提高管理效率。但是要明白一点，这是在理想授权的前提下才能达到的效果，如果授权不理想，这些理想中的效果就不会出现。

领导者要明白，授权不是一件简单的事，要想使授权达到理想的效果，一定要清楚什么工作可以授权，什么工作不能授权，哪些工作可以授权到底，哪些授权要有所限制。

在正式授权之前，授权的领导一定要对必须完成的任务按照责任的大小，进行分类排队，然后进行不同的授权。通常，不同类的工作对应不同的授权要求。最终制定出一张清晰的“授权工作清单”。

（1）必须授权的工作

这类工作应该是领导者不宜亲身去做的工作，例如一些即使出现失误也不会影响大局的琐碎工作。由于不会影响大局，这类授权风险最低，大可放心地授权下去，而不必为此担心。

很多领导之所以没有将这类完全可以授权下去的工作授权下去，一是因为已经习惯于去做这类工作，二是自己喜欢做这类工作，不愿意交给别人去做。

领导者一定要打破这种惯性或者惰性，把这些工作交给下属去做，腾出时间和精力去做更紧要的事情。

（2）应该授权的工作

这类工作应该是一部分下属可以胜任的例行性日常公务。通常情况下，下属会对此类工作很有兴趣，想找机会挑战一下。对此，领导者在授权时，要衡量一下工作的实际情况，选准授权对象，保证不会出现较大的差错。

（3）可以授权的工作

这类工作有一定的难度和挑战性，有相关知识和技能的人才能胜任此类工作。对这类工作的授权，领导者要慎重一些，人选要定位为那些有一定相关知识和技能的人。授权之外，还要尽可能为授权的下属提供完成工作所必需的训练和指导。将这类工作交给下属，可以有效锻炼和提高下属解决问题的能力。

（4）不能授权的工作

这类工作至关重要，关系到企业的兴衰成败，需要领导者牢牢把握，切不可下放，否则只会让自己处于不利的地位。这类不能授权的工作通常包括人事赦免权、关系协调权、机密事物权以及危机处理权等。

制作“授权工作清单”是非常有必要的。它可以让领导一目了然地观察到有哪些工作需要授权下去，哪些工作授权时要慎重，又有哪些工作不能授权给下属，便于协调、安排工作。

另外，授权给下属，对下属来说也有着非凡的意义。一是获得了锻炼的机会，提高了处理解决问题的能力；二是增强了责任意识，并激发了高涨的工作热情和工作积极性，进而增强了对企业和领导的归属感和认同感。

需要注意的是，“授权工作清单”一定要制定得清晰无误。哪些工作要授权，哪些工作不能授权，哪些工作授权给哪些人，都要一目了然，清晰无误，让人一看就明白。反之，如果责权不清、授权混乱，则不会起到应有的作用。

领导力箴言

◎领导者一定要清楚什么工作可以授权，什么工作不能授权，哪些工作可以授权到底，哪些授权要有所限制。

◎授权之外，领导者要尽可能为授权的下属提供完成工作所必需的训练和指导。将这类工作交给下属，可以有效锻炼和提高下属解决问题的能力。

◎“授权工作清单”一定要制定得清晰无误。哪些工作要授权，哪些工作不能授权，哪些工作授权给哪些人，都要一目了然，清晰无误，让人一看就明白。

林则徐

海纳百川，有容乃大；
壁立千仞，无欲则刚。

9. 给下属一个从错误中成长起来的机会

有句俗话说：“宰相肚里能撑船，将军肩上能跑马。”意思是人要豁达大度，胸怀宽广。对于一个领导者而言，胸怀大度，宽容别人会显示出自己胸怀博大的气度和善待下属的情怀。

希尔顿酒店的创始人希尔顿就是一个心胸宽广之人，对于员工所犯的过失或者错误，他总是能尽力做到宽容接纳，并为其树立自信心而努力。当有员工犯了错误，他常常是将犯错之人单独叫到自己办公室，先是鼓励安慰一番，这样说：“犯错是不可避免的，我当年也犯过很多错误，你这点小错误不算什么，不要太过于难受。”

说完这些之后，他才真诚地帮助犯错之人分析产生错误的原因，并一同研究解决问题的办法，最后再将其送出办公室。

任何一个人都必然有其优点和缺点，对其优点予以肯定、赞扬，可以促其更加奋勇扬鞭，努力向前；对其缺点，予以包容，会感动对方，获得人心。

当然这里的包容不是无原则的纵容。无原则的纵容只可能会助长不良品行的滋长，只会引来鄙夷和失败，所以不要将包容等同于纵容。

领导者不要犯求全责备的错误。完美是可望而不可即的，没有人可以做到完美，所以不要对下属做出苛刻的要求。不要容不得下属半点缺陷和不足，见到哪儿做得不到位，或没有符合自己的心意，就不顾及其他，横加指责。

求全责备的做法，会严重压抑下属的工作热情和积极性，阻碍下属的成长，阻碍下属能力的发挥；严重者，会让下属谨小慎微，甚至不知所措，失去想象力和创造性，或者变得不思进取，破罐子破摔。

老虎还有打盹的时候，即使是不可多得的人才，也不能保证没有过失和不足，是人都有短处。如果领导者总是吹毛求疵、求全责备，那么将会使很多人才难以展开手脚，无法做出更大的成绩。同时也会造成一种埋怨压抑的氛围，影响团队的合作交流。

作为一个历史悠久的跨国公司，索尼公司的领导者很好地践行了以人为本的管理制度。他们尊重每一位员工，容忍他们不同的意见，包括一些不易避免的错误。在索尼公司的领导者看来：人人都会犯错误，有错即改，并引以为戒，就代表了还有希望。

盛田昭夫这样告诉下属："放手去做你认为对的事，即使因此有了错误，也还能从中学到经验教训，不再犯同样的错误。"

就是在这样宽容的环境下，索尼公司的员工才敢放心大胆地探索、实践，努力将梦想变成现实，也由此促进了公司的大发展。

除了包容下属在工作中的过失外，领导者还要从哪些方面包容下属呢？总体来看，领导者还要包容下属的私交、私利以及隐私，允许它们的存在和发展。

容下属私交，就是允许下属有交朋友的权利和参加各种合法的社会团队和社会活动的权利。交际是现代人的需要，作为领导者允许下属私交合情合理，本属人之常情，但是此行为也会因此获得下属的肯定和感激。

容下属私利，即对下属在法律法规允许范围内，追求、交换、赠予各种物质的或精神的利益不加干涉，既不可进行限制，更不可伤害。即使发现下属在谋求私利时存在问题，只要在法律法规允许的范围内，领导者都没有权利进行横加干涉，当然可以进行适度的劝诫。

至于包容下属隐私，则更属于人之常情。正当的隐私是受法律保护的，所以领导者要尊重下属隐私，更不要侵犯。实际上，尊重别人的隐私，也就是尊重对方的人格。反之，不尊重对方的隐私，就是不尊重对方的人格，严重者，有可能触犯法律。

总之，领导者要尽量站在下属的角度，体谅对方的言行，并尽可能包容对方的小过失，给下属一个从错误中成长起来的机会。领导者要坚信，总有一天，参差的小树会长成参天大树。

领导力箴言

◎领导者不要对下属做出苛刻的要求。不要容不得下属半点缺陷和不足，见到哪儿做得不到位，或没有符合自己的心意，就不顾及其他，横加指责。

◎领导者总是吹毛求疵、求全责备，将会使很多人才难以展开手脚，无法做出更大的成绩。同时也会造成一种埋怨压抑的氛围，影响团队的合作交流。

◎领导者要尽量站在下属的角度，体谅对方的言行，并尽可能包容对方的小过失，给下属一个从错误中成长起来的机会。

爱迪生

伟大人物的最明显的标志，就是他坚强的意志。不管环境变换到何种地步，他的初衷与希望仍不会有丝毫的改变。

10. 尽量创造一个良好的办公环境

人与环境有着密不可分的联系，人影响环境，环境也影响着人，而且人对环境的依赖和受其影响的程度要远远大于环境对人的依赖。对于人类来说，环境是上天给予的一项不可多得的恩赐，属于公司的“软福利”。

美国西雅图华盛顿大学董事会曾在校园内修建一座体育馆，但是没想到这个建议遭到了几乎所有校方教授们的强烈反对。原因是一旦这个场馆建成，势必会挡住从教职工餐厅可以欣赏到的西雅图美景，这在教授们看来是无法接受的。在教授们的一致反对下，这个计划最终流产。

值得一提的是，当时美国西雅图华盛顿大学教授们的工资较当时美国的平均工资要低20%左右。那么，缘何这些高高在上的教授们却愿意接受华盛顿大学较低的工资？原因就在于他们留恋西雅图的美丽景色。

这里，令人心仪的美丽景色折算成了这些一向骄傲的教授们的工资，使他们甘愿留在薪酬不丰厚的华盛顿大学。可见，好的工作环境对人的影响有多大。这就给了领导者一个提示，要想吸引人才、留住人才，就要努力创建一个好的工作环境。工作环境不仅仅包括自然景观，还包括办公环境，比如办公的场所、办公的用具用品以及周边的相关配套设施。

好的工作环境可以让人身心愉悦、舒服，形成一种职场幸福感，从而可以进一步激发人的工作热情和工作积极性、创造性。反之，糟糕的工作环境则会使人心情郁闷、情绪低落，并进一步影响到工作效率。

一个公司的副总在一次例行的巡查中，无意发现一位下属工作中在玩手机。这是企业纪律所不允许的，于是，副总走上前去狠狠批评了这名员工。

在静静听完副总的斥责后，这名员工先是承认在工作时间玩手机确实不对，然后做了检讨和反省，最后他忍不住发了一句牢骚："公司什么娱乐设施都没有，一天除了工作还是工作，实在无聊。"

员工看似无心的话，却引起了这名副总的沉思。他觉得，这名员工固然有错，但他的牢骚话也是实情。于是他组织会议征求各部门意见，最后决定在公司建立一批娱乐设施，包括成立乒乓球室、篮球馆等。

自此以后，员工的状态有了明显改变，工作中开小差现象少了。

可见，工作环境对员工的工作有着非常重要的直接影响。不止一项调查显示，有相当一部分职场人士，特别是职场女士因公司如厕环境不如意而选择离开。也有因如厕环境好，而选择留下的。

实际上，工作环境不仅仅包括上述的"硬件"，还包括同样重要的"软件"，如工作氛围、带薪度假、对员工家属的关爱等。

以职员要求工作氛围为例，随着社会经济的发展，人的温饱问题基本得到了解决，在物质需要基本得到满足的基础上，人的精神需求越来越高。因此，在求职或者工作中，求职者或就职人员除了要求相应的薪金外，还十分看重所任职的工作岗位能否让自己身心愉悦。如果能够让自己身心愉悦、舒畅，则欣然从事，反之，则有可能弃之。

有个大学生毕业后进入一家刚起步的科技公司工作，市场竞争激烈，工作压力大，强度高。虽然很累，很辛苦，但年轻人工作热情高，每天工作到很晚，辛苦但又开心地工作着。

在众人努力下，公司得到了飞速发展，规模不断扩大，利润逐年升高，众人的待遇也水涨船高。但是年轻人却在这个时候提出了辞职，离开了这家自己付出诸多辛劳的公司。

原因何在？因为在这个时候，他感觉公司发展初期融洽的工作氛围已经不复存在。那个时候，虽然工作压力大，工作辛苦，但领导真正关心、呵护下属，全力帮助下属解决实际难题。同事之间相互帮助，相互支持，每个人的干劲儿十足。但现在，由于利益的驱使，领导之间尔虞我诈、自私自利，导致下属也分帮分派，彼此对立。他已经看不到公司美好的未来，于是他毅然辞职，离开公司。

总之，在社会经济大发展的现代社会，在人越来越注重精神营养的情况下，作为领导者，要重视起工作环境对人才的影响。“硬件福利”和“软件福利”双管齐下，努力营造一个良好的工作环境，以求能吸引人才、留住人才，激发人的工作热情和潜力，形成有效领导。

领导力箴言

◎领导者要想吸引人才、留住人才，就要努力创建一个好的工作环境。

◎在求职或者工作中，求职者或就职人员除了要求相应的薪金外，还十分看重所任职的工作岗位能否让自己身心愉悦。

◎领导者要重视起工作环境对人才的影响，努力营造一个良好的工作环境，以求能吸引人才、留住人才，激发人的工作热情和潜力，形成有效领导。

土光敏夫

作为一个企业的领导者，当你希望你的下属怎么去做时，请你先用相应的行动去示范。

11. 律己才能律人，领导者要做好下属榜样

榜样的力量是巨大的，也是可见的。对于企业的领导者来说，以身作则，做好下属效仿的榜样是非常重要的。它折射了领导者一种做事的态度和精神，也反映了他对下属的一种期待。东芝总裁土光敏夫曾说：“部下学习的是上司的行动。作为一个企业的领导者，当你希望你的下属怎么去做时，请你先用相应的行动去示范。”又说：“下级学习的，是上级的背影。上级全力以赴地工作，是对下属最好的教育。”

一家生产销售家电的公司生产销售的产品在市场上已经呈现饱和的状态。家电公司的老总让研发部门的经理尽快组织力量开发出新产品。研发部门的经理急忙召开部门紧急会议，商讨如何落实老总的指令。

几天时间过去了，没有员工提出合理的方案，研发部门经理变得有怨气起来，到处对人说：“我们部门的研究人员个个都是没用的废物，几天都拿不出一个可行的方案。真是气死我了！”

说这话的时候，这位部门经理也没有想想，自己在这几天里不也是没有认真去做市场调查、收集各方面的情报，也没有去想想如何推陈出新、

明确攻关的方向，却一味抱怨下属无作为。作为部门的领导，他比任何一个下属都更应该殚精竭虑，苦思冥想如何打破桎梏，走出困境。

俗话说“身教大于言传”，孔夫子云：“其身正，不令而行；其身不正，虽令不从。”可见身教大于言传不是妄语。确实，身体力行会带来十分重要的影响，如果自己都做不到，又怎么好去苛求别人做到呢？对于一个企业领导者来说，如果经常只说不做，就会给下属留下不诚信、华而不实的虚伪感觉，久而久之必然会失去下属的支持和拥护。

拿守时为例，虽然领导者可以拿日理万机来搪塞每次的迟到、失约，但经常如此，显然不会让下属买账，不会让下属内心真正“臣服”。下属嘴上不说，不代表心里没有怨言，他们多半会给领导者贴上虚伪、不诚信、骗子等标签。

但是如果每次开会、约谈，领导者都按时如约而至，严格守时，那么不但会获得下属的高度认同，而且下属也肯定不好意思迟到或为自己的迟到找借口。即使确实有事迟到或失约了，自己内心也会感到无比的惭愧。试想一下：领导者都能严格遵守守时的规则，下属又有什么理由不去遵守呢？

以身作则，为下属做好效仿的榜样，才是让下属认同的领导者应有的行事准则和为人风范。也只有这样，才能给企业创造发展壮大的机会。

可口可乐是饮料界的霸主，曾占据饮料市场的半壁江山。但是20世纪70年代开始，受到百事可乐的强大冲击，一时之间，可口可乐的全球市场波动不已。这一结果的产生与可口可乐内部有着很大的关系。当时，可口可乐集团内部的许多领导都热心争权夺利，不关心产品的研发、售后，以及市场的拓展，最终导致整个企业陷入了被动状态。

罗伯托·戈苏塔临危受命，出任集团公司董事长，他一上任就改变了以往董事长只将最严厉的纪律加在普通员工身上的做法，而是将纪律加在了组织所有成员身上，特别是各级领导者身上。

罗伯托·戈苏塔认为只有作为领头羊的各级领导者以身作则，带头遵守纪律，才会起到效仿的作用，让下属也主动遵守纪律。如果有领导者不遵守纪律，一旦受到下属的普遍反对，按照新规定，一定要将其开除，不留任何情面。

罗伯托·戈苏塔要求各级领导者各司其职，带领好自己的团队。他规定，夏天时，任何一个高层领导都不能休假。因为夏天是可乐生产与销售旺季，这个时候休假无异于战场上临阵脱逃。所以他不允许任何一个高级领导在这个时间休假。这个制度同样适用于他，他每年只休一周的假，当然这个假期同样也不能在夏天。

罗伯托·戈苏塔正是认识到了领导者以身作则的重要意义，才如此严格要求各级领导者一定要将其行为限制在企业规定之内，有违反者，予以严惩，不留任何情面。而他本人也不例外，同样不能置于纪律之外，不受规定的约束。他以一年只休一周的高度负责的精神为各级领导和普通员工做出了表率。

在《旧唐书·魏徵传》中，李世民言："夫以铜为镜，可以正衣冠，以史为镜，可以知兴替，以人为镜，可以明得失。"领导者就是下属的一面镜子，是下属"明得失"的参照，是下属效仿的榜样。如果领导者严格守时，那么下属也会对守时看得非常重。反之，如果领导者经常迟到、失约，下属也多半不会看重严格守时，正所谓"上行下效"。

正由于此，有经验的人只要看一看一个团队的领导是如何做事的，就会了解该团队成员的整体工作状态，就会对该团队的前景有一个大致的推断。一个不合格的领导者，必然带不出一支优秀的团队。

领导者要想当好团队的领头羊，调动起整个团队的积极性，就要严格要求自己，以身作则，做好下属效仿的榜样，潜移默化地影响下属，让下属真心钦佩自己的言行，从而心甘情愿地追随自己，共创美好未来。

领导力箴言

◎领导者如果经常只说不做，就会给下属留下不诚信、华而不实的虚伪感觉，久而久之必然会失去下属的支持和拥护。

◎领导者严格守时，那么下属也会对守时看得非常重，反之，如果领导者经常迟到、失约，下属也多半不会看重严格守时。

◎领导者要想当好团队的领头羊，调动起整个团队的积极性，就要严格要求自己，以身作则，做好下属效仿的榜样，潜移默化地影响下属，让下属真心钦佩自己的言行，从而心甘情愿地追随自己。

马云

上等公司治理靠文化，中等公司靠制度，下等公司靠亲友义气。

12. 塑造一个吸引人的企业文化

从某个角度看，企业文化是一个企业的灵魂，是凝聚员工共同奋斗的向心力。一个没有优秀企业文化的企业无法吸引人才，也无法凝聚起员工共同努力奋斗的向心力，这也就注定了这个企业无法做大做强，无法走得更远。诸多的事实也证明了这一点。

纵观世界500强，哪一个企业不是注重企业文化的企业？哪一个企业没有优秀的企业文化？哪一个企业的成功不源于该企业优秀、独特的文化？微软、惠普、IBM、GE、阿里巴巴的成功莫不如是。

作为全球电子商务龙头老大的阿里巴巴公司有着自己强大的企业文化。在公司创立初期，马云就为自己和公司定下了“让天下没有难做的生意”的宏伟使命，后来又设定了长远的发展目标。

正是在怀揣“让天下没有难做的生意”的宏伟使命和“建立一家持续发展102年的公司”的宏伟目标，马云将诸多的各界人才召集麾下，并带领他们披荆斩棘、一路向前，将阿里巴巴从最初的由18名创业者组建的名不见经传的小公司发展到如今拥有超过万名员工的国际化大公司。

几经更新和完善，阿里巴巴最终形成了“六脉神剑”价值观，它是阿里巴巴企业文化的核心，是雷打不动的天条。所谓的“六脉神剑”是指客户第一、拥抱变化、团队合作、激情、诚信、敬业。阿里巴巴正是在这种高度的认知中不断完善其企业文化建设的。

企业文化与企业领导者息息相关，一定程度上，是企业领导的文化观念、价值观念、道德规范、行为准则、管理思想等的外在体现。

作为企业的领导，要想建立起优秀的企业文化，就要秉持诚实守信的经营理念。诚实守信是一个企业取得发展的基本前提。一个人若是失信了，就会失去支持、帮助，一个企业失信了，同样也会失去支持、帮助，注定了要失败。因此，领导者要秉持诚实守信的经营理念带领企业成员去发展、壮大企业。

京瓷公司有一项不成文的规定，那就是每当有新员工入职或者完成了一项重要任务时，都要举办聚餐会。公司总裁稻盛和夫无论怎样忙，都要到场祝贺。

这个惯例是京瓷成立初期就被确立起来的，当时稻盛和夫说：“我们要努力创新，努力获奖，如果获奖，我们就把奖金拿去犒劳自己，吃光喝光。”

经过各部门的努力，一段时间后，京瓷果然获了奖。稻盛和夫先是把奖状复印N多份，所有参与的员工都有一份，然后兑现承诺，将全部奖金分数次和员工开展聚餐会吃光喝光。

想想，京瓷创立初期，条件还算不上好，丰厚的奖金可以购进更好的设备，使企业扩大生产规模。但是稻盛和夫却没有那样做，而是坚守了对员工的许诺，做到了诚信对人。这使得员工对他和企业更加信赖和敬服。

想建立优秀的企业文化，领导者要本着务实创新的精神去领导团队，去经营、发展企业。务实就是讲究实际，实事求是。“大人不华，君子务实。”“名与实对，务实之心重一分，则务名之心轻一分。”这些古训都是古人注重实际、崇尚务实精神的体现。

领导者一定要有务实精神，说话不要夸夸其谈，做事不要敷衍塞责。工作一件一件落实，一项一项抓牢，才会推进事情一步步向前发展。

创新要立足实践，奋力开拓。领导者要鼓励员工勇于开拓创新，发扬不怕苦、不怕累的钻研精神，努力获得进步。只有将务实创新精神落实到位，企业才会有切实的进步和蓬勃的活力。

优秀的企业文化，要求领导者必须树立客户至上的服务理念。客户是企业服务的对象，满足客户的需求是企业存在的根本，因此领导者要明确客户的基本需要和潜在需要。企业生产要以客户需求为导向，努力生产出客户需要的产品。客户至上几乎是所有企业文化不变的服务理念，如阿里巴巴秉持的就是“客户第一、员工第二、股东第三”服务理念。

在阿里巴巴集团内部有这样一个事情广为流传：

阿里巴巴有一个业务员将山东一个三线城市的房地产商发展为中国供应商。尽管这个房地产商并不真的相信业务员讲的可以把他的房子卖到全世界，但还是愿意成为阿里巴巴的客户。

尽管这项业务给阿里巴巴带来了几十万的收益，但是阿里巴巴还是把钱退给了客户，并严肃处理了这名员工。原因就是这名员工违反了阿里巴巴“客户第一”的经营原则，给客户作了虚假的介绍，欺骗了客户。

虽然此举使股东的利益受损，但阿里巴巴追求的却是客户第一。从这件事上可以看出马云并不是口头上说得漂亮，而是真正做到了这一点。

优秀的企业文化，还离不开领导者树立以人为本的管理思想。以人为本的管理思想要求领导者既要尽量满足员工的物质生活需求，又要努力满足员工的精神文化需求。只有物质和精神两方面的需求都得到了满足，才会起到真正吸引员工的作用。

梁正模是韩国著名鞋业大王，他对自己的员工关怀备至，经常深入一线真诚地询问员工在工作中和生活上有什么困难。如果知道对方确有困难时，他总是想办法为之排忧解难。

有一位技师一段时间内情绪极其低落，每天愁容满面。梁正模经多方打听，知晓对方是在思念无法相聚的亲人。每天下班后，梁正模就陪着这位技师一同喝酒、谈心，直至深夜才回到家中。很快，这位技师感受到了梁正模的真情厚意，他一改颓废的状态，每天不再愁容满面、借酒浇愁，而是把时间和精力都放在了技术创新和技术改造上。一段时间后，他的技术有了很大的提高，工作上更是得心应手。

无论是秉持诚实守信、务实创新的经营理念，还是树立以人为本的管理思想，其目的都是塑造出优秀的企业文化，并借以达到吸引员工，凝聚人心，增强企业活力，同时赢得客户信赖，实现企业效益最大化的目的。

领导力箴言

◎领导者要秉持诚实守信的经营理念，带领企业成员去发展壮大企业。

◎领导者要树立起以人为本的管理理念，既要尽量满足员工的物质生活需求，又要努力满足员工的精神文化需求。

◎只有物质和精神两方面的需求都得到了满足，才会起到真正吸引员工的作用。

第五章

做会沟通的领导者——优化沟通让员工畅快工作

沟通是人际关系的客观需要，也是使工作顺畅进行下去的需要。对于一位领导者而言，与下属保持顺畅有效的沟通意义重大。它可以让上情迅速下达，下情迅速上传，各部门之间互通信息。它利于部门之间统一节奏，协同作战，更利于调动员工工作积极性，提高工作效率。

作为领导者，要想实现与下属的有效沟通，就要努力打破上下级之间的等级壁垒，与下属平等交流。另外，还要掌握并运用诸多沟通技巧，尽量让沟通更全面、更到位。

杰克·韦尔奇

当你成为领导者之前，成功只同自己的成长有关；而当你成为领导者以后，成功都和别人的成长有关。

1. 消除“位差效应”，与员工平等交流

“下之情莫不愿达于上，上之情莫不求知于下，然而民恒苦上之难达，上恒苦下之难知，若是者何？九弊不去故也。”这是司马光在《资治通鉴·唐纪》中所言。这里司马光所提到的情形是管理学上称为“沟通的位差效应”的主要体现。

何谓“沟通的位差效应”？

美国加利福尼亚州立大学的学者曾对企业内部的沟通进行了一番研究，研究结果显示：来自领导层的信息大约只有20%～30%能够被下属知道并正确理解；而下级反馈给上级的信息，更是仅有约10%被上级所了解，可是平行交流的效率则可以达到90%以上，差距巨大。这说明沟通存在位差的障碍，这种现象就被管理学家称为“沟通的位差效应”。

由于事实上地位的差别，一些领导者容易产生“主导地位”的归属感，对外表现出居高临下的姿态，而下属则容易产生“服从地位”的归属感，相应存在自轻或戒备的心理压力，这种情况下的交流自然就容易产生“沟通的位差效应”。

上述研究结果表明，要想实现沟通的有效性，就需要打破位差所带

来的沟通障碍。而要打破位差所带来的沟通障碍，自然需要想办法消除位差。没有了位差，这种障碍自然也就消失了。但又如何做到没有位差呢？位差是事实存在的，不可能凭空消失。

实际上，这里要求的不是消除位差，而是要消除位差所带来的不平等心理。如果交流双方的心理平等了，交流的障碍也就消失了。

而要做到心理平等，领导者需要实行“以人为本”的管理，与员工平等对话，这样就能实现沟通的有效性。

沃尔玛是美国一家世界性百货连锁企业，这家企业的员工被称作“伙伴”，而不是雇员。企业的创始人沃尔顿经常深入基层，到普通员工中间，跟他们交流，倾听他们的心声。

这种领导风格在沃尔玛的发展历程中，得到传承。在企业内，任何时间、任何地点、任何员工都可以畅所欲言，都可以以口头或者书面形式与任何级别的领导进行沟通，提出自己的意见和建议，包括投诉自己受到的不公平待遇。

正是因为多年来实行这种平等交流，才得以使沃尔玛公司内上情下达、下情上传及时、有效，沟通顺畅，有力地促进了企业的顺畅发展。

下面这个事例也证明了上下级平等交流的重大意义。

一大型生活消费品生产公司有一名员工，技能过人，有创新意识。他认为如果改进一项工作流程会大大促进生产效率，于是他向主管提出改进建议。但是主管刚愎自用，不想改变现有工作流程，反而斥责他多管闲事。

一次，他违反工作流程操作，虽然提前完成了任务，但主管还是狠狠批评了他。他不服，两人大吵了起来。主管将此事报告给了经理。

经理将他找来，没有一上来就不问情况批评他，而是非常随和地让他说说事情的起因、经过，然后和他交换了意见和看法。

在整个过程中，这位领导没有声色俱厉地斥责，一直保持心平气和的态度。交流中，这名员工认为经理能如此平易近人、平等地和他交流，而且如此坦诚地倾听他的意见和看法，感觉自己受到了莫大的尊重。于是他不再带着反抗的情绪说话，而是将事情的前后经过详细地讲述出来。

最后，这名员工心甘情愿，甚至是带着感激之情接受了相应的处罚。同时，公司参照他的意见以最快的速度对公司的流程进行了改进，并对他进行了表彰。

可以想象，如果这位经理也像那位主管一样，只知道斥责，只知道以上压下，那样势必会激发这名员工的反抗情绪，从而让事情更为恶化，至少不会出现像现在这样美好的结果。

消除心理上的事实不平等感，要求领导者要有广阔的心胸。生活中每个人都有着自己独有的个性、爱好和生活方式，生长环境和受教育的不同，也会造就一个不同于别人的人。因此领导者要有容人的宽广胸怀和气度，这样才能站在一定高度，团结更多的人，最大限度发挥人的才能。

消除心理上的事实不平等感，还要求领导者要广开沟通和交流的渠道，消除组织成员间信息和情感沟通的障碍。在具体沟通和交流中，领导者要放低姿态，努力从基础员工中获取第一手资料。为了尽可能多地获取更广泛的意见，领导者要在自己身边保留一些持不同意见的人，既要欢迎下属报喜，也要鼓励下属报忧，而且还要注意保护那些敢于讲真话的人。

总之，领导者只有切实做到能和员工平等地交流，给员工提供讲真话、实话的平台，并能保护他们的切身利益，才能使他们畅所欲言，为企业献言献策，畅快地工作。

领导者箴言

◎领导者需要实行“以人为本”的管理，与员工平等对话，这样才能实现沟通的有效性。

◎领导者要有容人的宽广胸怀和气度，才能站在一定高度，团结更多的人，最大限度发挥人的才能。

◎领导者只有切实做到能和员工平等地交流，给员工提供讲真话、实话的平台，并能保护他们的切身利益，才能使他们畅所欲言，为企业献言献策，畅快地工作。

巴纳德

管理者的最基本功能是发展与维系一个畅通的沟通管道。

2. 不搞一言堂，给员工发表意见的机会

作为领导者，懂得倾听是与员工沟通的非常重要的技巧，可以让自己更清楚对方要表达的内容，窥探出对方的心理，利于做出更合理的决策。反之，若不懂得、不乐于、不屑于倾听，则会闭塞思路，做出不合适，甚至是愚蠢的事情。

巴顿是美国赫赫有名的四星上将，生活中的他跟战场上的他一样，做事干脆利索、坚毅果断。一次，为了显示自己对士兵的关心，他突击检查了一个士兵食堂。

当他走进食堂时，发现有两个士兵正站在一口大汤锅前。

"让我尝尝这汤！"巴顿走过去说道。

"可是，将军……"一个士兵想说什么，却被打断。

"可是什么？给我勺子，我尝尝！"巴顿严厉命令道。

士兵犹犹豫豫递过一个勺子。巴顿急躁地一把抢过，从锅里舀了一勺汤，大口地喝下去。

"这是什么汤，这么难喝，简直就是刷锅水！"巴顿大叫道。

“刚才我就想告诉您这是刷锅水，可您不听我说。”士兵答道。

急躁自负的巴顿不听士兵的报告，结果喝了刷锅水。这委实怨不得别人，只能怪他自己不尊重人，不懂得倾听。

身处领导者的岗位，在与员工沟通交流时，必须懂得倾听，包括倾听那些反对意见。不要搞一言堂，要给员工发表意见的机会。这样才能群策群力，集思广益，做出更明智的决策。

在通用电气公司处境维艰的时候，44岁的杰克·韦尔奇临危受命，出任通用电气公司董事长和总裁一职。他一上任就大刀阔斧进行一番改革，改革的一项重要内容是，宣布通用电气公司是一家“没有界限的公司”，员工可以“毫无保留地发表意见”。

改革实施以后，曾发生这样一件事：有一个年轻的工人大声质问分公司的经理：“我想知道我们这里什么时候才能有点管理！”年轻人没有受到处分，而且，几周后，该分公司的领导班子进行了重新调整。

按照规定，通用电气公司的普通职工每年都要参加“大家出主意”的会议。每次有50到150人参加会议，大家轮番出席会议，参加讨论发言，及时找到生产和管理上的问题，改进不足之处。

各级经理要尽可能参加“大家出主意”会议，韦尔奇带头示范，他常常只是专心地倾听，并不发言。

这项改革给公司带来了极大的生机与活力。领导者综合广大员工的意见和建议，再结合实际情况，最终做出更加合理、更加适应市场的决策，使企业发展变得顺畅、快速。

同时让员工广泛地参与管理、参与决策，亲身感受到运用权力的滋味，又增强了员工参与的热情和工作积极性，进而带来了明显的实际效益。

给员工创造发表意见的机会，意味着领导者要更多地放权给员工，更多地听取意见，更多地信任员工。虽然领导者有做出最终决策的责任，但同时还有同样的责任来使员工相信，特别是使那些提出建议的员工相信他们的最终决策是合理的，这样才能拥有更强大的领导力。

当然，在发表意见时，不同员工可能会从各自利益出发，提出不同的意见或者建议，因此，争吵是不可避免的。但正是在这一过程中，领导者有机会洞察到应该遵循什么样的原则确立决策才能为员工所接受，才能使决策趋于完美，更易执行。

有些时候，出于各种考虑，很多员工不愿意讲真话、实话，只是提出一些无关痛痒的“大众意见”。所以，领导者只能从员工那里听到一些溢美之词，显然，这是不够的。领导者要想到这一点。

为了能获得真实的意见和建议，领导者不妨设立几个特殊的沟通渠道，以便发掘出员工的真实想法。

（1）开展特殊的内部会议

至于怎么特殊，要根据具体情况而定，中心目的就是能够让与会人员大胆地说出意见和建议。

（2）开通企业信箱或者员工热线

之所以采用这种方式，是因为有一部分员工不愿意当面直接提出问题或者说出意见，更愿意使用隐蔽式或非记名的方式提出来，而企业信箱或员工热线就是个较好达成愿望的方式。

（3）进行员工调查

这是一种系统收集员工意见的方式，普及性很广，上到对企业发展目标、战略、文化等的看法，下到企业管理模式、用人制度、对工作的适应程度、人际关系等问题，都可以采用这种方式。

总之，采取群策群力，“大家的事大家齐参与”的方针行事，会让决策更科学合理，更符合广大员工的心意。同时，还能激发起员工参与企业管理的热情，提高其工作积极性，增强领导者和企业的吸引度，从而直接或间接促进企业的繁荣与发展。

领导力箴言

◎领导者在与员工沟通交流时，必须懂得倾听，包括倾听那些反对意见。不要搞一言堂，要给员工发表意见的机会。

◎为了能获得真实的意见和建议，领导者要多设立几个特殊的沟通渠道，以便发掘出员工的真实想法。

◎领导者有责任使员工相信，特别是使那些提出建议的员工相信，他们的最终决策是合理的，这样才能使领导者具有更强大的领导力。

威廉姆·杰尔士

人性最深切的需求就是渴望别人的欣赏。

3. 口吐莲花，让赞美激发员工的潜能

法国作家拉布吕耶尔曾说了这么一段富有启迪性的话：“位居我们之上的人们，只要露出一丝拒绝或者冷淡的神色，就会招致我们的仇恨；但是只需一声问候或者一个真诚的微笑，又会让我们心头的冰霜立刻融化。”

这段话意味深长，但不难理解，它强调了尊重和欣赏对人们的重要性。成功学大师卡耐基曾说过：“当我们想要改变别人时，为什么不用肯定和赞美来代替责备呢？”可见，赞美有多重要，又多么招人喜欢。

与此类似，玫琳凯化妆品公司经理玫琳凯说得更直接：“有两件东西比金钱和性更重要，那就是认可和赞美。”

天性的原因，人们都喜欢听肯定和赞美的话，而不愿听讽刺和批评的话。客观上看，肯定和赞美一个人会鼓舞对方的士气，增强对方的信心，给对方以强大的力量，促使其更加努力地前进。

作为领导者，要认识到赞美的奇效，在与下属沟通交流的时候多赞美下属，以提升他们的信心和士气，激发出他们的潜能，使其取得更大的进步。

史考伯是美国历史上第一个年薪超过百万的管理人员，他受聘于一家

钢铁公司，是这家钢铁公司的经理。一次，一个记者问他：“你的老板为什么愿意一年付你超过100万的薪金，你到底有些什么特殊的本事？”

史考伯的回答出乎记者的意料：“我没什么特殊的本事，对钢铁也懂得不多，可是我能将员工鼓舞起来。我鼓舞员工最好的方法是表现出真诚的赞赏和鼓励。”

玫琳凯就是个善于用赞美做武器的领导者，她十分善于赞美，赞美是她搞定人际和谐关系的强大武器。

为了能最高限度地赞美下属，玫琳凯规定，公司从最高领导到最低领导，都要尝试努力去发现员工的优点，而且不能放过任何一个能够赞美员工的机会。总之，要最大限度地去赞美员工。

一名新进公司的美容顾问在公司举办的产品展销会上，一连两天都没有卖出去任何产品，而其他美容顾问都已经卖出去少说几百美元的产品。这名新美容顾问很焦急，但顾客不买，她也没有办法。在展销会最后一天，她终于费尽口舌让一位顾客买了35美元的产品，仅仅35美元，少得可怜，可是公司的业务督导海伦小姐却大加赞赏：“很好，卖出了35美元，很棒，继续努力，肯定会大有前途的。”

听了领导的赞美，这名新美容顾问十分感动，也很受鼓舞，她暗暗下决心，一定要加倍努力，不辜负这份赞美。几年以后，她因业绩突出，被提升为公司的业务督导。

诚然，这名美容顾问的成功是她个人勤奋努力的结果，但当初领导海伦的赞美却是她努力奋起、不甘落后的直接原因。

实际上，为了让赞美激发出员工的潜能，玫琳凯还费尽心机出版了一套专门的月刊。这套专门的月刊主要对那些有突出表现的员工给予肯定和赞美。事实证明，这项措施成功起到了鼓舞员工工作热情、激发员工潜能的作用。

正如上面所说，为了赞美下属，领导者要努力发现下属的长处，而不是一味挑刺找不足。可能有一些领导者认为肯定、赞美下属会让对方生出自满，甚至是骄横的情绪，长期下去会不服管理，无法领导。因此他们对下属的工作多方审视，不放过下属的每一个错误，对犯错的下属大加训责。

显然，这种想法和做法是不对的。它们只会让下属产生不耐烦的心理，甚至是反感、憎恨的心理。下属会认为领导根本不尊重自己的人格，不认可自己的成绩，从而不愿意积极工作，消极怠工。

下属犯错是很正常的事，领导者要让下属正视错误，并鼓励他们改正错误。让下属改正错误，并不是仅仅指出错误那么简单，还要让对方心甘情愿地去改正，这样才能达到“治病救人”的效果。

而要想让下属心甘情愿地改正错误，就不能只是斥责批评，而是在指出错误的同时找出他们工作中的优点和进步，进行真诚表扬。下属被肯定之后，心情会很好。心情好就容易接受指出的错误，也愿意进行改正。

同时，被肯定，被赞扬，也会让下属的信心有所增强。为了取得更大的进步，他们非常愿意去改正，去进步，去奋斗，深藏的潜能由此被激发出来。

领导力箴言

◎领导者要认识到赞美的奇效，在与下属沟通交流的时候，多赞美下属，以提升他们的信心和士气，激发出他们的潜能，使其取得更大的进步。

◎领导者要努力发现下属的长处，而不是一味挑刺找不足。

◎领导者在指出犯错员工错误的同时找出他们工作中的优点和进步，进行真诚表扬。

威廉·詹姆士

人性最深刻的愿望，就是恳求别人对自己加以赏识。

4. 双管齐下，既赞美又批评

人都有喜欢听好话的倾向，都希望别人发现自己的优点并认同自己，因此，肯定、赞美别人通常会获得对方的好感。

小邓从公司行政部转入销售部不久，就谈下来一笔订单，销售总经理知道后，立刻找来小邓："行啊！小邓，真不错！这么短时间就拿下一单，很有潜力啊！公司很看好你！继续努力，肯定会不断取得新进步！"

小邓受宠若惊，连连点头，内心十分兴奋。他发誓一定不辜负总经理的厚望，再接再厉，取得更大的成绩。

一句简单的"你真棒""干得真不错"，就会让员工受到莫大的鼓舞，使得他们的工作热情空前高涨，进而大幅提升工作效率。想想，哪一个领导不愿意做这样简单但收效奇高的"便宜事"呢？

赞美要公正，无论是对有缺点的下属还是对比自己强的下属，领导者都不要吝于赞美。真诚无私的赞美会有助于树立领导者美好的形象，增强下属的自信心，激发下属的工作热情。

赞美要趁热打铁。因此，工作中，只要员工做得好，领导者就要及时夸奖，不要等热度过了才去赞美，那样的话，赞美就大打折扣，远没有及时赞美的效果好。

一天，一位研究人员拿了一台小型机器闯进了公司总裁的办公室。在总裁办公室，这位科研人员向总裁详细讲解了自己发明的这台小型仪器可以很好地解决公司一项技术难题。

总裁发觉这项发明非常及时，非常了不起，这使得他很激动，决定一定要给这位研究人员奖励。他弯下腰翻遍了办公桌的抽屉，但除了一根香蕉外，他什么都没找到，他不好意思地躬身对那位研究人员说："我现在什么都找不到，只能把这个给你！"而研究人员则满怀激动郑重地接过这根意义非凡的"奖品"。

从此以后，香蕉演化成小小的"金香蕉"别针，作为该公司对科研人员的最高奖赏。

赞美还要把握好分寸，既不要对某人表扬过多，也不要不予表扬。对某一下属表扬过多，容易引起其他下属不满，对被表扬者也不好。不予表扬，则会压抑下属的情绪，调动不起下属工作的热情和积极性。

尽管赞美有着十分积极的作用和意义，但是也不可能只有赞美，没有批评。当下属犯了错误，作为领导者，批评教育还是十分有必要的。如果不批评教育，相当于在纵容他的过错，显然是不合时宜的。

批评教育的根本目的在于"治病救人"，帮助对方提高认识，矫正错误行为，因此要从这个根本目的出发，给予适当的批评。

下面是领导者批评下属常用的一些技巧，这些批评技巧会让批评收到理想的效果。

（1）理解式批评

本着人无完人的观点出发，批评时不带着求全责备的口吻斥责对方，而带着理解、宽容的口吻旁敲侧击对方所犯的过失或错误。相信对方多半会理解你的良苦用心，并带着戴罪立功的心理去改正错误，努力工作。

（2）讨论式批评

采用讨论的方式暗示下属哪些地方做得不足，或者还能做得更好，会让下属感到领导对自己的尊重和理解，从而会更愿意再努力些，让领导者满意。比如领导者这样委婉批评："可以说这件工作你完成得不错，我认为如果在销售中再加入一些表扬，效果可能会更好，你认为呢？"

（3）希望式批评

委婉指出错误的同时以期盼改进的口吻寄予厚望，可以让下属在认识错误的同时，不失信心。切忌简单说教，一味斥责，甚至讽刺挖苦，那样会让下属感到自己一无是处，丧失信心，心胸狭窄的员工还可能会因此怨恨领导。

（4）开脱式批评

"其实这件事也不能全怪你，我们领导也有责任。另外，你刚介入这项业务，可能对有些流程还掌控得不那么好，我相信下一次就不会出现这样的错误。"这样开脱式的批评，保护了下属的自尊心，同时也促使他进行反省，找出不足，改正错误。

（5）激将式批评

激将式批评适用于那些自尊心、好胜心很强的下属，这种批评方式会激发出他们不服输的精神，使其奋勇前进。如公司董事长对客户经理说："博雅公司的业务部门很厉害，公关能力很强，咱们要稍逊一些，不过我知道你是个不服输的人，一定不甘落后的。"

批评技巧有很多，绝不止上述的几种，在运用这些批评技巧时，注意要根据情况灵活运用，以求达到最佳的效果。

赞美和批评不是绝对的，很多时候，赞美中可以有批评，批评中也可以有赞美，要根据情况灵活应用。

约翰·卡尔文·柯立芝总统有一位漂亮的女秘书，工作有些粗心大意。一次她交给柯立芝的公文出现了一些不该出现的错误，柯立芝总统没有直白地批评这位女秘书，而是这样对她说："你今天穿的这身衣服真合身，毫无瑕疵，恰好衬托出你的美丽来，如果你的公文能处理得如此完美那就更好了！"

批评中带着赞美，让这位漂亮的女秘书很受用，也令她反省。从那以后，女秘书果然在处理公文时很少出错了。

合理运用赞美和批评，会保护下属的自尊心，鼓舞下属的士气，增强其必胜的信心。同时，还会增进员工与企业、领导者的关系，使之更和谐、更团结。

领导力箴言

◎真诚无私的赞美会有助于树立领导者美好的形象，增强下属的自信心，激发下属的工作热情。

◎领导者切忌简单说教，一味斥责，甚至讽刺挖苦，那样会让下属感到自己一无是处，丧失信心。

◎领导者的赞美和批评不是绝对的，赞美中可以有批评，批评中也可以有赞美，要根据情况灵活应用。

玫凯琳

一个管理人员在第三者面前责问某个员工的行为，是绝对不可以原谅的。

4. 下属有过错，给机会改正比批评更重要

人非圣贤孰能无过，人人都会犯错误，所以不要一旦发现对方错了，就忙着否定对方，甚至受先入为主的影响，一棍子打死对方。

这种极端错误的态度和行为更不应发生在领导者身上。作为领导者，首先要清楚“水至清则无鱼”的道理，每个员工都避免不了要犯错误，所以一旦有下属有了过错，要学会理性对待。《左传》中有这样一句话：“人谁无过，过而能改，善莫大焉。”错误和真理是一对孪生姐妹，拒绝错误就是拒绝真理。既然没有办法逃避错误，那只有正视错误才是对待错误的最好态度。

管理界流行一条重要法则，那就是“短板效应”。该原理指出盛水木桶的价值在于能盛多少水，但决定木桶容积的不是组成木桶的最长的那块木板，而是最短的那块木板，这块最短的木板成了限制木桶盛水量的唯一因素。要想增大木桶的盛水量，唯一的办法就是将这块短板的长度增加。

从这个角度来考量，一个团队做出多大的成绩要受团队中最“短板”成员的影响。要想提高团队成绩，不能只去想如何提高团队中那些能力最

强的成员，而是要想方设法增加“短板”的长度，这样才能提高整个团队的战斗力。这里所说的“短板”就包括那些犯错的员工。

一旦有下属真的有了过错，要了解清楚该员工犯错的前后经过以及所造成的后果，以进一步了解事情的真实情况。最后，了解清楚事情的前后经过后，要根据具体情况和相关的规定，采取相应的处理措施。

在处理犯有过错的下属时，不宜采用“一刀切”的处理原则，而应该根据具体情况，做不同的处理。原则上要本着“治病救人”的态度对其进行说服教育，使其认识到错误并能够加以改正。

丙吉是西汉名臣。他任丞相时，他的一个驾车小吏很喜欢喝酒。一次小吏随丙吉外出，竟然喝醉了，并吐在丙吉的车上。主吏建议丙吉，把这个不懂礼数的小吏撵走。丙吉却说：“就因为喝醉酒就把人撵走，那教他在何处容身？容忍他这一过失吧！不过是弄脏了车褥罢了。”结果没弃逐这个小吏。

这个小吏来自于边郡，熟悉边塞的报警事务。一次外出，他看见驿骑拿着红白两色的口袋疾奔，知道是边郡报急的公文到了。他便跟随驿骑到公车署打听情况，了解到外敌已经侵入云中、代郡两地。他赶快回府见丙吉报告情况，并建议：“恐怕外敌侵入边郡，地方官员因年老有病，反应不灵，无力胜任军事行动，您应该预先了解一下边塞有关官吏的情况。”

丙吉认为小吏的建议很对，便找来有关材料查看详情。不久，皇帝召他和御史进宫垂询此事。面对皇帝的询问，丙吉一一回答。而御史大夫却仓促不能应答，因此受到皇帝的训责。而丙吉之所以能对答如流，完全归功于那个驾车小吏。为此，丙吉感叹说：“士没有不可容的，能各有长处。假如不先听到驾车人的话，怎么会有被奖赏的可能呢？”

《论语·述而》曰：“择其善者而从之，其不善者而改之。”这道出了对待错误的态度，即对“不善者”改之。既然要改，就要有机会改，而不能一棒子打死。

通常情况下，对犯有过错的一方予以宽容，给其认错和改正的机会，常常会换来对方的感激，并且对方可能会寻找各种机会予以报答。上述那个驾车小吏感恩于丙吉的宽容之恩，而在关键时刻给予了丙吉真诚的建议，最终成全了丙吉。

一个有过错的员工恐怕最想获得重新证明其价值和展示其才华的机会。这种情况下，如果领导者能够给对方提供这样的改错和证明自己的机会，相信他一定会感激涕零，同时珍惜这个机会，愿意付出多倍的努力去工作，以彰显心迹。

因此，在下属犯有过错时，领导者要尽量站在对方的立场考虑对方的感受，在可能的情况下，给对方一个改正错误的机会。这远比批评更有力量，也更容易赢得人心。

由于批评的对象是一个个有思想、有感情的活生生的人，批评能否取得好的效果，在于对方能否从中感知到自己的错误，受到启发。如果批评的方法不合适或者过了度，都容易引起对方的反感和敌视，甚至是激烈反抗。因此，如果要批评，则一定要采用合适的方法并掌握好尺度。在不批评的情况下，宽恕对方，并给对方一个改正错误的机会，往往会让对方灵魂受到震撼，在深感有愧之中鼓足勇气，以加倍努力工作来证明自己的价值。

《菜根谭》上有这么一句话："宽人之恶者，化人之恶者也；激人之过者，甚人之过者也。"大概意思是：宽恕别人的错误，就是帮助别人改正错误；用激烈的态度对待别人的错误，就是要让别人再错上加错。

领导者要做的自然是"治病救人"的拯救者，而不是推人入坑、落井下石的恶人，只有这样，员工才会勇于面对错误、承担责任。

实践证明，有过错的人往往要比有功劳的人更容易接受困难的工作。因此，给犯有过错的人一个认识和改正错误的机会也是间接给企业提供培养一个优秀员工的机会。所以，作为领导者一定要站在一定的高度去面对和处理这类问题。

领导力箴言

◎领导者要清楚“水至清则无鱼”的道理，清楚每个员工都避免不了要犯错误，所以要理性对待犯错的下属。

◎下属犯有过错时，领导者要尽量站在对方的立场考虑对方的感受，在可能的情况下，给对方一个改正错误的机会。

◎领导者要做的自然是“治病救人”的拯救者，而不是推人入坑、落井下石的恶人，只有这样员工才会勇于面对错误、承担责任。

彼得·德鲁克

管理者需要的是一套判断标准，使他能做真正重要的事情，那就是有贡献的、有成效的事。

5. 下属间有矛盾，做好仲裁利己利人

任何一个组织内，组织成员之间都可能有矛盾。作为领导者，一要认识到下属之间的矛盾对企业发展和员工个人的重大影响，二要正确处理好下属间的矛盾，促使他们精诚合作，共创佳绩。

有些领导者发现下属之间有了矛盾，而且还闹得不可开交，常常扔给他们一句话："你们还闹吗？再闹的话，你们的奖金全部扣除。"可能短时间内，两者偃旗息鼓，不再闹了，但是时间一长，原先被压下去的火气往往还会再度爆发，而且会更为激烈。显然，领导者的这种威胁的办法不但起不到长期的效果，而且还会破坏自己在下属心目中的形象。

精明的领导者绝不会像上面那样处理此类事件，他们总是着眼于未来，从利于组织发展出发，想尽办法让双方打破罅隙、重新和好。

外贸公司的总裁约翰最近被公司的一件事弄得心绪不宁，甚至有些恼怒烦躁。原来公司两位重要部门的CEO发生了矛盾。两个人均在公司董事会上占有一席之地，同时还是公司股票持股人。两个人因工作问题发生了激烈争吵，而且矛盾越来越大。

最近的一件事让两个人的矛盾达到了高峰。其中一位CEO私自和一家公司签订了合同，但是没有告诉另外一位CEO。当不知情的CEO偶然知道此事后，大发雷霆，两个人大吵了起来。

双方各执一词，公说公有理，婆说婆有理。约翰努力思考如何才能让他们冰释前嫌，重新和好，重新合作。

他想到了双方这些年来为公司做出的贡献、创造的利润，以及他们的矛盾。忽然，他有了主意，知道该如何做了。他将那个私自签单的CEO找来，对他说："首先，我先表明一下态度，我对你的表现不是很满意，也不认同你的行为，但是我也不会因为这样就取消你已经签下的合同。我希望我的行为能够让事情向好的方面转化。现在，你认真想想，我们公司的竞争力在哪里？我们公司什么东西让外人仰慕？还有，你们是如何合作使公司发展到今天这个样子的？"

这名CEO很快明白了约翰的意思，他知道约翰希望他好好想想自己和另一位CEO友好团结协作的过往，希望他们撇开矛盾，继续精诚团结，再创佳绩。他也觉得自己做得有些过火，于是开始思索如何挽回影响，恢复关系。

后来，约翰又找来另一位CEO，说了类似的话，用同样的方法，顺利化解了这场矛盾。

公司里下属间发生矛盾是常见的，领导者要当好解决下属矛盾的仲裁官。通常情况下，在处理下属之间的矛盾时，领导者要遵守以下处理原则：

（1）处理之前先调查

"没有调查就没有发言权"，因此在处理之前，一定要先调查清楚事情的真实情况。调查中，一定要深入、细致，不能偏听偏信，既要听"原告"的，也要听"被告"的；既要听当事人的，也要听旁观者的。

通过调查要明确这些事项：第一，矛盾是如何产生的、如何发展的、如何结局的，以及有什么趋向；第二，矛盾双方各自的观点、理由、要求以及动向；第三，矛盾是否触及原则性问题。这些情况的掌握，对于后续的仲裁处理有着至关重要的作用，有利于解决矛盾。

（2）确定处理问题的标准

某种角度上看，处理问题的标准可以说是解决问题后希望达到的某种状态，也就是说这只是一个目标、一种期望。这个目标和期望决定着处理问题的根本出发点是什么。

可见，处理问题的标准与企业的工作目标是息息相关、一脉相承的，是为完成企业某一阶段的工作目标而服务的。当有多种处理意见时，可以以此目标为尺度衡量得失、权衡利弊，然后做出选择。

（3）保持客观公正的态度

公正客观是领导者成功处理下属之间矛盾的前提和根本保证。虽然领导也有喜恶、偏爱，但在处理下属矛盾纠纷时，领导者一定要抛去成见和偏爱，防止主观臆断，更不可偏袒一方，打击另一方，而要依据客观事实，按照相关政策法规，秉公处理。

另外，如果领导者发现自己的某些工作是导致下属之间闹矛盾的根源时，要勇于主动承担责任，自咎自责，这样往往会大大缓和矛盾双方之间的紧张气氛，有利于化解纠纷。

（4）循序渐进地处理

在处理员工矛盾纠纷时，领导者要耐下心来循序渐进地处理，切忌急躁。如果不耐烦无休无止的调解，以领导者的命令口吻处理此事，则极容易引起当事人的反抗情绪，激化了矛盾，使事情变得更加复杂。

正确的做法是耐下心来了解情况，然后以商量的口吻与双方沟通，做双方的工作，只有这样才可能化解矛盾，处理好问题，同时也才能赢得双方的支持和信服。

（5）采取有利于双方的措施

处理矛盾纠纷的出发点是化解双方的矛盾，达到团结一致的目的。从这个目的出发，要采取有利于平息双方怨气的措施，任何不利于双方平息怨气的行为都是不适当的。比如，在处理中，不要把双方的工作表现和工作业绩进行对比，因为这样只能加大和激化双方的矛盾。

另外，调节中，要以整个组织的集体利益为标准，力争使双方都获得好处，这样才能促使双方各自做出让步。

有一点需要注意，有些时候，下属之间的矛盾不单纯是工作性质的矛盾，比如爱人之间的矛盾、亲戚之间的矛盾，在面对这些矛盾时，领导者要审时度势，不要轻易介入，否则可能会越调解越乱，还可能让自己深陷其中。

如果这些矛盾确实对工作产生了不良影响，那么领导者可以从影响工作的角度来做双方的思想工作，但要注意把握好尺度，适可而止。

领导者箴言

◎在处理下属矛盾之前，领导者一定要先调查清楚事情的真实情况。调查中，一定要深入、细致，不能偏听偏信。

◎处理下属之间的矛盾纠纷时，领导者一定要抛去成见和偏爱，防止主观臆断，更不可偏袒一方，打击另一方，而要依据客观事实，按照相关政策法规，秉公处理。

◎在面对亲戚之间的矛盾时，领导者要审时度势，不要轻易介入，否则可能会越调解越乱，还可能让自己深陷其中。

拿破仑

能控制好自己情绪的人，比能拿下一座城池的将军更伟大。

6. 当好员工负面情绪的搬运工

解决阻塞的最好办法是合理疏导，将被阻塞之物宣泄到合适的地方，这样就达到了化解危机的目的。

工作中，谁都有遇到无法解决的困难而无所适从的时候，谁都有心情低落而郁闷烦躁的时候，谁也都有挨了领导的训斥而憋闷委屈的时候。特别是现代社会生活水平快速提高，各种流行文化思潮涌变，人更容易滋生焦躁心理。

各种负面情绪慢慢积压起来，如果不及时将这些负面情绪剔除出去，定会在某个时间爆发出来，形成巨大的伤害。

作为领导者，要及时察觉员工的思想变化，努力找出隐藏在其中的不和谐因素，并进行有效的疏导，努力将那些伤害力巨大的负面情绪剔除出去。

那么，如何将这些负面垃圾清除出去呢？正确的办法是建立若干个不良情绪的疏导渠道，再因势利导地将这些情绪垃圾清除出去。盛田昭夫就采取了这样的策略对付员工的消极情绪。

盛田昭夫是索尼公司的创始人，一次他在公司食堂发现一名年轻的员工郁郁寡欢，似有满腹心事。盛田昭夫很是奇怪，就坐在他的身边与他攀谈起来。

谈话中，那个员工告诉盛田昭夫自己毕业于东京大学。索尼公司是他最心仪的公司，所以他大学一毕业就进入这里工作。可是工作一段时间后，他发现他不是在为索尼公司工作，而是为课长干活，因为他所有的行动都要得到课长的批准，否则就不会有任何好结果。他的一些小发明与小改进，课长不仅不支持，还经常挖苦他，让他很难受。

盛田昭夫很是吃惊，他想到诸如此类的情况可能在公司内部普遍存在，如果真是普遍存在的话，那么像这名员工的苦恼，其他员工也一定有。盛田昭夫十分清楚这种消极情绪会极大阻塞人的上进之路，于是，他决定进行人事管理改革，从制度上消除滋生负面情绪的根源。

很快，索尼公司开始每周出版一期内部小报，主要内容是刊登公司各部门的“招贤纳士”信息。广告上明确写着员工可以自由而秘密地前去应聘，而他们的上司无权阻拦。另外，公司还主张各部门每隔两年就让员工换一次工作，努力为其创造一个最适合他们施展才能的平台，以利于他们发挥出才能和激发出创造性。

正是通过人事管理制度的改革，施行多种有利于员工发挥才能的措施，索尼公司才有效打通了阻塞他们上进之路的环节，也才避免产生更多的消极情绪，保持企业顺畅快速发展。

不良情绪的疏导渠道，不可盲目建立，也不易搞“一刀切”，一定要保证切实而有效，可根据实际情况的不同，酌情从以下几个方面入手：

（1）成立心理疏导咨询室

这种方式最为常见，即通过专业的心理咨询师帮助那些心理有障碍的员工打开自己的心门，将抑郁、焦躁、烦闷、不安等负面情绪赶出其内心，同时，提高他们的心理素质，保障他们的心理健康。

（2）设立健身娱乐的场所

合适的健身娱乐有助于人宣泄情感，培养正当兴趣和高尚情操，因此可以设立一些陶冶情操的艺术类健身娱乐的场所，比如设立书画室、音乐室、棋牌室等。此外，还可以组织一些锻炼身体的活动，比如打球、拔河、做体操等。

（3）适当提供休闲旅游的机会

度假旅游可以让人身心放松，视野开阔，心胸宽广，对负面情绪有一定的抵制和清除作用。因此，可以定期或不定期安排员工带薪度假旅游。

另外，为了避免负面情绪的产生和影响，领导者还要努力为员工创造一个良好的工作平台，以调动起员工的工作积极性和创造性，避免负面情绪的滋生和影响。

除了这些公开层面的疏导负面情绪的方法外，领导者也可以根据情况，私下找下属交谈，以便更好了解情况、解决问题。

作为领导者，在员工有情绪时，首先，要注重倾听。通过倾听了解清楚员工有哪些抱怨。允许抱怨者发泄不满，领导者要这样想：“他已经很压抑，很痛苦了，让他发泄出来会让他心里感到舒畅，那就让他尽情发泄吧。我暂时还没有更好的解决办法，唯一能做到的就是听其述说，所以我要听下去。”

其次，要有耐心，要听完下属的话后再做慎重的发言，不要轻易下结论；再次，要慎重对待，不能对下属的抱怨持无所谓的或漫不经心的态度，要让下属觉得自己很受尊重。最后，要尽量站在下属的角度思考问题。

总之，领导者要努力成为员工负面情绪的监督员和搬运工，随时做好员工负面情绪的监督工作。一旦发现有消极情绪滋生，就要想尽办法帮助员工将那些损人又害己的情绪垃圾清除出去，还一个清新、健康的身心给员工，这样员工自然能愉悦又高效地工作下去。

领导力箴言

◎领导者要及时察觉员工的思想变化，努力找出隐藏在其中的不和谐因素，并进行有效的疏导，努力将那些伤害力巨大的负面情绪剔除出去。

◎领导者在员工有情绪时，要注重倾听。通过倾听了解清楚员工有哪些抱怨。允许抱怨者发泄不满。

◎领导者要努力成为员工负面情绪的监督员和搬运工，随时做好员工负面情绪的监督工作。一旦发现员工有消极情绪滋生，就要想尽办法帮助他将之清除出去。

查尔斯·史考伯

我认为，我那能够使员工鼓舞起来的能力，是我所拥有的最大资产。

7．通过暗示，让员工干劲十足

很多人都熟知“望梅止渴”的典故：

三国时期，曹操率兵讨伐宛城（今河南南阳）的张绣时，经过方城县一个叫梅林铺的地方。时值夏日正午，天气十分炎热，众人又累又渴，曹操派人四处找水，又命令士兵就地挖井，却始终见不到一滴水。

眼见众人十分口渴，曹操十分焦急。为了不耽误行军，曹操灵机一动，纵马跑到高处，指着前面一个小山包说：“前面就有一大片梅林，结了许多梅子，又甜又酸，可以用来解渴。”

士兵们听后，嘴里都流口水了，一时之间个个来了精神，加快了行军速度，最后到达前方，没有发现所说的梅林，却找到了水源。

这就是暗示的作用。暗示是有话不明说，而是用含蓄的话或动作来使人领会。暗示的力量是巨大的，积极的暗示可以让人振奋，激发力量，消极的暗示可以让人意志消沉，甚至快速走向死亡。

在与下属的交流沟通中，领导者要正确利用暗示的积极力量，鼓舞员工汲取信心、拼搏进取、奋发向上。

领导者要想利用好暗示的力量，需要了解下属的特征以及他们的心理。这样才能采用合适的暗示方式激发出他们的潜能，使他们朝着你所期待的方向发展。

比如，对于一个喜欢并善于钻研的下属，你可以暗示他某个产品性能还不够完善，是不是可以再进一步完善。对于那些敢于挑战的下属，可以暗示他们某项任务很难搞定，激起他们挑战的兴趣。

暗示采用的方法很重要，这关系到暗示能否起到预期的效果。如果采用的暗示方法适当，就极有可能起到好的作用，使事情朝着正向发展。反之，则不会产生好的效果。

纽约州第53任州长是一位叫罗杰·罗尔斯的黑人。在一次记者招待会上，很多记者提出了同一个问题：是什么把他推向州长宝座的？罗尔斯的回答出人意料，他只说了一个名字——皮尔·保罗。

皮尔·保罗是何许人也？原来他是罗尔斯上小学时的校长。当时包括罗尔斯在内的很多学生经常旷课打架。保罗采取了多种防止措施，成效都不大。他发现这些打架的学生都很迷信，于是他在课间休息的时候，给他们看手相。他在看过罗尔斯手后，说罗尔斯将来会成为纽约州的州长。罗尔斯记住了这句话，若干年后，他果然当上了纽约州的州长。其他被保罗看过手相的学生后来也都非常成功。

保罗正是抓住了打架学生们的迷信心理，采取了给其看手相的方法，预言他们将来的发展情况。最终这些暗示起到了积极的作用，对他们的人生起到了巨大影响。

暗示的方法，可以是一句赞扬、鼓励、期盼的话，也可以是一个期待、无奈的眼神，还可以是一个热烈的拥抱。总之，暗示的方法，领导者要因时、因地、因人而异，正确掌握，灵活运用。

领导者利用暗示的目的是为了激发员工的创造性和潜力，进而提升员工的能力。所以在暗示前，要考虑到所要采用的暗示方法是否能够达到自己期望的效果，是不是会产生什么不良后果？以及这些后果是否具有可控性？这些情况都要事先考虑到，尽量做到周全，以最大程度保证暗示能够向着期待的方向发展。

总之，领导者要充分利用暗示的积极力量，采取合适的方式方法，鼓舞起员工的斗志，激发起员工的潜力，使其干劲十足、积极进取、努力向前。

领导力箴言

◎在与下属的交流沟通中，领导者要正确利用暗示的积极力量，鼓舞员工汲取信心、拼搏进取、奋发向上。

◎领导者要因时、因地、因人而异，正确掌握、灵活运用暗示的方法。

◎领导者要想利用好暗示的力量，需要了解下属的特征以及他们的心理。这样才能采用合适的暗示方式激发出他们的潜能，使他们朝着你所期待的方向发展。

亨利·艾利斯

当今领导，集中到一点，就是他有能力使他的下属信服而不是简单地控制他们。

8. 讲故事给员工听，帮助员工“悟道”

通常，大人讲故事给孩子听，是希望孩子能通过听故事增长知识，明白做人做事的道理。领导者给员工讲故事也是抱着同样的目的，希望员工通过听故事受到教育、获得进步。深层次来看，这一方式能够起到凝聚人心、团结力量的作用。对于领导者个人来讲，有利于增强自身影响力，获得信任和追随。

事实上，很多大企业和知名公司的领导者都非常重视这一沟通形式。IBM公司专门请来在好莱坞有15年剧本写作和故事编辑经验的剧作家担任公司顾问，负责向公司的管理人员讲述好莱坞的故事。与IBM类似，耐克公司为了培养管理人员讲故事的技巧，也特意从好莱坞请来著名编辑担任“首席故事官”，负责训练经理人讲故事。

惠普公司在公司成立50周年之际，专门收集了100多个企业故事，要求每个员工熟知这些故事，并仔细体会蕴含其中的精神内涵，帮助自己进步。

这些大企业之所以不惜花费大量金钱和精力来践行这种教育、沟通模式，是因为在这些大企业的领导者看来，与趾高气扬地发号施令相比，讲故事的方式是生动和有说服力的。一个涵盖重点事实、有情节、有人情味的故事，要远比一叠厚厚的统计数据单更有说服力，也更有影响力。

领导者讲给员工听的故事是有讲究的，企业管理专家诺尔·迪奇归纳出企业领导者讲给员工的故事的三种类型。

第一种类型是“我是谁，我怎么样”。这种类型故事是关于个人丰富的经历和成功经验的。讲述这类故事的目的是借故事来打动人心，调动起员工的积极性。

第二种类型是“我们是谁，我们要怎么样”。这种类型的故事是关于团队发展和建设的。讲述的目的是为了激发团队协作精神，让员工心往一处想，劲儿往一处使。

第三种类型是“我们将来会怎么样”。这种类型的故事是描述企业发展之路和未来状况的。讲述的目的是激发员工工作积极性，为公司和个人美好未来积极贡献力量。

无论是哪种类型故事，都应包括必要的关键要素，通常有5项要素。

（1）内容要完整

只有内容完整的故事才能给人传递完整的信息，也才能使蕴含其中的精神能够完好表达。

（2）情境要适当

故事要有一定的发生、发展的情境。只有情境适当了，故事也才有可能得到更好的理解和领会，发挥出好的效果。因此，领导者在选择或讲故事时，一定要注意对故事情境的塑造和掌控。

（3）要有学习的对象

故事中要有学习的对象，这样方便让员工效仿和学习。由于企业性质不同，某些价值观也就不同，所以，在塑造这些学习的对象时，要有所针对。

（4）具有很大的学习价值

领导者讲述、推行故事的目的是希望员工能从故事中学到知识，受到教育，获得进步。这也就决定了故事中一定要有能让员工学习的东西，即故事要具有学习价值。

由于领导者希望员工能从故事中有更多、更大的收获和教育，所以故事的学习价值一般都会被“塑造”得很高。

（5）要具有很好的情节

有好情节的故事才会吸引人。只有真正被故事吸引住了，才能更好地品味其中蕴含的道理。因此，一定不要忘了给故事设计一个好的故事情节。

为了能将故事讲好，讲对路，领导者要清楚员工想什么、做什么、需要什么、讨厌什么、忌讳什么等。为了达到这个目的，领导者要想办法通过各种方式获取这些信息，以便选择好故事，为讲故事做好准备。

无论是知识传播，还是企业文化传承，抑或是批评教育，讲故事都是很有实效的方法。有人曾说没有故事的企业不是好企业，不会讲故事的领导不是好领导，话虽然有些偏颇，但也确实在一定程度上体现出讲故事在企业发展中的重要作用。

总之，领导者通过给员工讲故事，让员工明白道理、受到教育、获得进步，是企业发展的需要，也是领导者获得员工信任和支持的需要。

领导力箴言

◎对领导者而言，与趾高气扬地发号施令相比，讲故事的方式是生动和有说服力的。

◎为了能将故事讲好，讲对路，领导者要清楚员工想什么、做什么、需要什么、讨厌什么、忌讳什么。

◎领导者通过给员工讲故事，让员工明白道理、受到教育、获得进步，是企业发展的需要，也是领导者获得员工信任和支持的需要。

L. 威尔德

人际沟通始于聆听，终于回答。

9. 此时无声胜有声：有效倾听让沟通更有效

常言说得好："会说的不如会听的。"人际沟通并不仅仅依靠能说、会说，很多时候，还要懂得倾听，倾听能达到说话所达不到的效果，让沟通更有成效，正所谓"此时无声胜有声"。

由于"位差效应"，领导者和下属的沟通存在一定的障碍，不容易达到和谐、顺畅。很多时候，领导者喜欢高高在上，以一副盛气凌人的口吻跟下属交流沟通，而下属惯于以一副听命行事的样子聆听领导的教诲和命令。

实际上，这种沟通交流的方式很多情况下不会取得很好的效果。上司只说不听，或者说得多听得少；而下属只听不说，或听得多说得少，往往使信息、建议、意见交流不充分，不利于沟通。

对于领导者而言，在跟下属沟通交流时，不要只顾着滔滔不绝地说，必要时还要停住嘴，竖起耳朵倾听对方的意见及建议，以求沟通更充分、效果更好。

事实证明，如果领导者能够做到静下心来倾听下属的倾诉，那么无论结果如何，都将有助于下属开展工作。所以，做一个好听众是成为一个好领导者十分重要的条件。睿智的企业领导者都深谙这一点，所以他们都非常注重在与下属沟通时倾听对方的心声。通用电气公司前总裁杰克·韦尔奇说，他希望当人们提起通用电气公司时，会认同其是一个愿意聆听30万员工心声的企业。

领导者在倾听下属说话时，需要遵守一些原则和掌握一些有实效的技巧，这样才会让倾听更有实效性。

（1）聆听清楚事情的过程

只有在弄清楚事情的前后经过后，才有可能做出准确的判断。因此，在倾听时，领导者要从下属的口中弄清楚事情的来龙去脉，包括：事情的起因是什么？由于哪一件事导致了情况的变化？导致了哪些变化？产生了哪些影响？员工在这个过程中做了什么？等等。

（2）聆听中找出事情的重点

找到重点才能有助于更好地解决问题，因此，在聆听中，领导者要找出下属所说事情的重点，找出事情的矛盾所在。一般情况下，只要抓住事情的重点，把重点问题解决了，其他非重点的事情也就自然得到解决了。

（3）聆听中抓住说者的本意

人是事情的核心，几乎所有的事情都是因人而起，因人而变。所以，领导者在倾听时，一定要抓住下属说此番话的本意，即为什么说这番话，说这番话的用意是什么？只有揣摩清楚了说话的用意，才会做出更为准确的判断和处理措施。

（4）聆听要保持中立状态

要做到有效聆听，领导者必须在聆听过程中保持中立态度。不能有所选择地聆听，感兴趣的听，不感兴趣的不听，喜欢的听，不喜欢的不听。如果有所偏爱地听，那么听到的信息将不会是完整的，甚至是不客观的。这样极有可能扭曲事实，影响做出正确的判断。

保持中立状态聆听，还要注意保持沉默，不要轻易打断对方的说话，也不要急着把自己的观点表达出来。此外，也不要带着批评的心态去聆听，以避免影响对方真实的表达。

除了上述这些要求需要遵守外，还可以运用一些小技巧，以加强沟通的效果。比如在倾听时，要全神贯注，保持平静；以坦诚的眼神与对方目光对接，让对方知道你在认真听他讲话，鼓励他继续讲下去。

有效聆听是打开员工心扉的一把钥匙。认真倾听下属的意见、建议及其他想说的话，并给予适当的配合，可以让双方的沟通更充分、更有成效，同时还会让下属有一种被尊重、被重视之感，促使其努力工作。因此，领导者一定要注重倾听下属的心声。

领导力箴言

◎领导者在跟下属沟通交流时，不要只顾着滔滔不绝地说，必要时还要停住嘴，竖起耳朵倾听对方的意见及建议。

◎领导者在倾听过程中宜保持中立态度。不能有所选择地聆听，感兴趣的听，不感兴趣的不听，喜欢的听，不喜欢的不听。

◎倾听员工讲话时，领导者要全神贯注，保持平静；以坦诚的眼神与对方目光对接，让对方知道你在认真听他讲话，鼓励他继续讲下去。

保罗

一个人的真正伟大之处就在于他能够认识到自己的渺小。

10. 领导知错就改，下属才会乐意追随

人非圣贤孰能无过，人有失误和不足是正常的事，领导者也是芸芸众生中的一员，自然也会有不足和过失的时候，不必对此大惊小怪。

对于领导者本人来说，不要把自己看得有多高贵，有多与众不同。谁都会犯错，自己也不例外，如果把自己看成是个不会犯错的“完人”，觉得自己高高在上，犯了错也死不承认，那么只会让自己变得孤立。

当发现自己有了失误或者哪儿做得有缺陷时，领导者要知错就改，该检讨的检讨，该改进的改进，这样才能赢得下属的原谅和重新信任。

戴尔公司是世界排名靠前的计算机供应商。看着不断上涨的销量，公司CEO迈克尔·戴尔和总裁凯文·罗林斯都非常乐观地认为，戴尔公司定会有着非常辉煌的未来。

两位领导者的欣喜在一次公司内部的民意调查之后戛然中止了。这次民意大调查显示，超过半数的戴尔员工对公司领导抱有怨气，他们认为CEO迈克尔·戴尔为人过于冷漠，令人无法产生亲近感，而总裁罗林斯又过于独断专横，且喜欢找人的不是，更令人无法产生亲近感。进一步调查，

两人还发现，很多员工的这种怨气已经令他们产生想离开公司的想法。

迈克尔·戴尔意识到问题的严重性，他立即召开了公司员工大会，在会上，他放下往日不可高攀的面目，代之以随和谦逊的神情，开门见山地进行了一番“自我批评”。他承认自己很多时候的确显得很冷漠，给人难以接近的感觉，并由此产生了和员工的沟通障碍，这完全是他的责任。

自我批评之后，戴尔表态说，自己现在已经认识到了这一缺点，并且一定会改掉这个缺点，跟员工建立起和谐紧密的关系，希望众人给予监督。

参加会议的所有员工都被戴尔的坦率所打动。要知道对方可是一位巨型企业的最高领导者，具有决定企业命运的大权，现在竟然如此坦诚直白地跟下属道歉，这足以说明戴尔的诚意。所以他们都非常相信戴尔自我评价和真心悔过的诚意。

果然，戴尔真的没有辜负下属们的信任，一改之前冷漠、难以接近的行事作风，变得随和、风趣，有人情味，他经常来到车间，和基层员工聊天、谈笑，员工们也由此喜欢上了这位大领导，乐意追随在他左右。

迈克尔·戴尔显然是明智的，没有在员工指出自己的缺陷时，大发脾气，甚至迁怒下属，反而积极与下属沟通，为自己的缺陷真诚向下属道歉，并承诺一定及时改进，其坦率的行为最终赢得了下属的原谅和信任。

有很多领导者缺少迈克尔·戴尔知错就改的魄力和风范，他们在发现自己的缺陷和过失时，往往不是作深刻反省，而是担心失去面子，于是就想方设法遮掩，欲盖弥彰，企图蒙混过关，但总是事与愿违。

面子是人家给的，是建立在对方尊重和信任你的基础上。如果有了过失，存在不足，还不知道道歉，还不知道悔改，那人家还会尊重、信任你吗？失去了尊重、信任，又何谈有真正的面子呢？

过失和不足不可怕，可怕的是对待它们的态度，如果明知错误存在，还不知悔改，还恣意任性下去，那才叫可怕。尤其是作为领导者，如果这样，将会失去员工的信任和支持。

俗话说“知错能改，善莫大焉”，知道不对，及时改进，及时矫正方向，才有可能减小损失。对于领导者而言，只有勇于放下面子、真诚道歉、知错就改，才可能获得下属的原谅，重获下属的信任和追随。

领导力箴言

◎领导者不要把自己看得有多高贵，有多与众不同，谁都会犯错，自己也不例外。

◎当发现自己有了失误或者哪儿做得有缺陷时，领导者要知错就改，该检讨的检讨，该改进的改进，以取得下属的原谅和重新信任。

◎有了过失，领导者要勇于放下面子，真诚道歉，知错就改，才可能获得下属的原谅，重获下属的信任和追随。

第六章

做建设优秀制度的领导者——建章立制让员工踏实工作

“国有国法，家有家规”“没有规矩，不成方圆”，说的是凡事要有个规矩才能把事情做好，无所依仗，无所遵照，往往会让人无所适从。企业的发展壮大也一定需要有优秀的企业规章制度，才能确保企业发展沿着正确的轨道前进，同时成为约束员工的可靠工具。作为领导者，一定要懂得优秀的企业制度对企业顺利发展的巨大意义，并努力建设可促进企业发展、员工队伍建设的优秀企业制度。

马云

创业者光有激情和创新是不够的，它需要很好的体系制度团队以及良好的盈利模式。

1. 靠老板不如靠制度：制度让企业更长久

从理论上讲，企业是可以永续的，正所谓“铁打的营盘流水的兵”。但事实上，大部分企业的寿命只不过维持在30年左右，百年企业凤毛麟角，十分稀少，这是为什么呢?

这与企业的管理有着莫大的关系。很多企业的命运往往十分依赖于一个领导人。通常，该人能力非凡，个人魅力十足，他带领员工“冲锋陷阵”，把企业引向一个又一个辉煌，他成了企业的化身、企业的灵魂。可是，如果某一日，他由于某种原因离开了，那么赖以他生存的企业也会随之很快衰亡，这就是管理学中所谓的“坠机理论”。

这种类型的企业被称为领导型企业。与领导型企业对应的是制度型企业，即以制度为管理核心的企业。诸多的事实已经证明，一个组织的持续发展不能依靠某个领导人的超凡卓识，而应更大程度上依赖于企业行之有效的规章制度体系。

正所谓“国有国法，家有家规”“没有规矩不成方圆”，企业需要有一套成熟的、有效可行的制度来保证企业按照正确的轨道发展。只有有了统一的切实可行的企业制度，企业的整个目标才会统一，员工的行为才会步调一致，各项工作也才能有序地开展。

不可否认，超凡卓识的领导人在领导企业发展壮大的过程中，无疑具有非常积极的作用。但是要清楚，个人能力和个人魅力是难以模仿和传承的。当这个人因某种原因离开之后，这个企业也就随之失去了灵魂，那么这个企业自然也就没有生命力了。

但是如果维持一个企业高速运转发展的核心是一套行之有效、不断更新的规章制度体系，那么即使某个超凡的企业领导者离开了，只要还保持企业管理的核心精神不变，那么接管其岗位的后来者也能够迅速遵循现有的制度展开工作，因此企业依然会得到持续性发展。

众所周知，万科集团董事长王石酷爱爬山，他把很多时间都用在了爬山上。但是万科的发展并没有受到影响，因为万科有一套成熟的现代企业管理制度。正是因为靠制度不靠老板，万科的发展才没有因王石的离开而受到影响。对此，王石如是说：

“我只有三分之一的时间用在公司管理上，另有三分之一的时间用来登山，还有三分之一的时间用来参加各种讨论、了解政策动向。我发现我越和公司没有关系，公司就越做得好，说明我们是严格按照现代企业制度去行事的。”

《环球时报》曾刊登了专家刘田的一篇文章，题目是《制度第一，总裁第二》。在文章中，刘田将“忙、茫、盲、莽、亡”定为缺乏规范化管理制度企业总裁的必经之路。他说如果企业没有规范化管理制度，总裁就会忙来忙去，接下来就会迷茫，迷茫之后就会盲目，再下来就是鲁莽，鲁莽的后果只能是走向灭亡。

当一个企业不完全依靠领导，而依靠行之有效的制度后，企业就有了自己的生命力，独立于组织建立者和任何组织成员之外。这样的企业也就有了稳定性和可持续性，不会由于领导的更换而发生较大的变化。

一个企业领导者如果没有在企业内建立起一套适合企业发展的优秀制度，那么即使他的个人能力再出色，个人魅力再十足，他所扮演的也只是一个“孤独英雄”的角色。企业的兴旺仅仅是建立在他出色的个人能力和个人魅力之上，这样的企业必然不能持久。

但是，如果他在企业内建立起一套适合企业发展的优质制度，保证企业可以在任何一位普通领导者的领导下持续发展，那么他就不再是“孤独英雄”，这样的企业也不会短命，反而会持续发展下去。

正如我国先人所说的“授人以鱼，不如授人以渔”，领导者要做的不仅仅是让企业在自己的手上更出色、更辉煌，还应建立起一套有利于企业长久发展的规章制度，保证企业不因自己的离开而“夭折”。

领导力箴言

◎企业需要有一套成熟的、有效可行的制度来保证企业按照正确的轨道发展。

◎当一个企业不完全依靠领导，而依靠行之有效的制度后，企业就有了自己的生命。

◎领导者要做的不仅仅是让企业在自己的手上更出色、更辉煌，还应建立起一套有利于企业长久发展的规章制度，保证企业不因自己的离开而“夭折”。

韩廷顿

制度的定义是：稳定的、受尊重的、不断重复的行为形态。

2. 创建一套让员工微笑的制度

从一定角度来看，制度决定行为，再细分下去，就是好的制度可以导致好行为并产生好结果；不好的制度会导致不好的行为并产生不好的结果。为什么有的企业员工在几米之外就会对你微笑，而有的企业员工与你擦肩而过也视而不见？不是因为前者素质比后者素质更高，而是前者所在的企业制度比后者所在的企业制度更能使员工微笑。

能使员工微笑的制度肯定是好制度。前面说过，制度对人的行为有重要影响，好制度和有缺陷的制度对人的影响截然不同，一个良好的制度，可以鼓励、激发人积极向上，可以让员工对陌生人微笑。

相反，一个有缺陷的制度，抹杀了人的积极性，甚至使人“变坏”。因此，创建一套让员工微笑的好制度非常重要，不但关系到企业的发展，而且还关系到员工的身心健康。

那么，什么样的制度才是好制度，换一句话说，好制度有哪些特征呢？下面是好制度所应具备的主要特征，可以参考一下。

（1）最强的利益结合性

好的制度是成功将企业目标与员工的切身利益最大限度捆在一起的。也就是说，好的制度要兼顾到企业目标的达成和员工的切身利益，是两者有机的合成。

当员工认识到制度是在保护自己的利益时，就会积极地维护制度，愿意为之付出，同时，当自己违反制度时，也明白自己将承担什么样的责任、会受到什么样的惩罚。这样，就会激发出员工自我管理的意识，实现制度约束和员工自我约束的有机结合，进而引导员工投入到主动、热情、愉快的工作中。

（2）至高的权威性

好的制度必须具有至高无上的权威性。制度面前，一切人平等，不允许有任何人凌驾于制度之上。因为，只有保持制度的至高权威性，才能使组织的活动有条不紊地进行，使复杂的工作变得井井有条、有章可循，也才能让员工步调一致地踏实工作。

（3）高度的公平性

好的制度必须保持高度的公平性，不因性别、年龄、学历、人情和背景的不同而不同，而因效率的不同而不同。保持公平性的制度可以防止有人不劳而获，同时还能保持制度至高的权威性，让员工心甘情愿遵守。

（4）至细的具体性

好的制度规定很细致、很具体，细致到对员工在什么岗位上要做什么事以及应负的责任都做了详细的规定，这样可以使员工知道自己该做什么、不该做什么，以及如何去趋利避害。员工的主观随意性和做事的隐蔽性得到了遏制，从而加强了相互间的监督，间接促进了企业发展和员工素质的提高。

（5）适宜的可操作性

好的制度应该具有适宜的可操作性，既顾到企业自身的实际情况，又顾到员工现有的接受能力以及自身素质水平，与两者要相匹配，使员工不至于因达不到要求而丧失信心，也不至于因为要求过低而产生懈怠心理。

（6）合理的导向性

制度具有一定的导向性，而一套好的制度，其导向性一定要合理，匹配要合适，主次、轻重、缓急要分清，不要是非不明、主次不清。

（7）简明性和严密性

好的制度表述一定要简明扼要，使人一看就明白，就知道该如何遵守，不能繁复混杂，更不能含糊其辞，给人误导。

同时，在表述简明的基础上还要注意其严密性，不能只要简明，不要严密。要充分考虑到工作进程中可能遇到的各种情况与因素，并做出相应规定。

（8）高瞻远瞩的预防性

好的制度不应只是起到“纠正”的作用，还应起到预防的作用。防患于未然永远要胜过事后亡羊补牢。好的制度要能预防可能发生的错误和可能造成的损失，这就要求在制订制度时，要充分考虑到可能遭遇的情况，并提前做出相应的应对措施。这样的制度可有效降低员工的犯错率，并提高工作效率。

（9）适度超前的先进性

好的制度要立足于当下，既顾到企业的现实状况，又要着眼于未来，能满足企业未来的发展战略规划和未来一定时期内市场竞争的需要。一句话，好制度要具有适度超前的先进性。

领导者是组织制度的主要制订者，在制订组织制度时，要考虑周全，兼顾上述好制度的几方面，努力让组织制度保护好员工的权益，让每一位员工满意。

领导力箴言

◎一个良好的制度，可以鼓励、激发人积极向上，可以让员工对陌生人微笑。

◎在制订制度时，领导者要充分考虑到可能遭遇的情况，并提前做出相应的应对措施。

◎领导者是组织制度的主要制订者，制订制度时要考虑周全，努力制订出让员工满意的组织制度。

罗伯特·博豪蒙

我总是相信，如果你的企业没有危机，你要想办法制造一个危机，因为你需要一个激励点来集中每个员工的注意力。

3. 引入良性竞争机制激发员工活力

我国改革开放最伟大的成果之一就是引进和发展了市场经济，市场经济的显著特点之一就是竞争机制。竞争机制是市场经济活动中优胜劣汰的手段和方法。从发展的角度来看，竞争是好事，没有竞争，发展就会减缓、变慢，甚至会停滞、倒退。有竞争，才有活力，有活动才有发展，一个国家如此，一个企业亦如此。

事实证明，当一个企业的工作达到较稳定的状态时，就缺乏活力与新鲜感，容易滋生惰性，员工的工作积极性和创造性会降低，这就是企业需要引入竞争机制的必要性。

本田汽车公司总裁本田宗一郎曾经为公司的一个问题大伤脑筋。原来他发现公司有很多员工工作积极性很低，经常东游西逛，人浮于事。如果采取开除的办法处理此事，由于涉及人员过多，全部开除的话会使工作大受影响，而且也会受到工会的阻挠。

最后，在副总裁宫泽的建议下，本田宗一郎引入了竞争机制。面对沉闷、不思进取的销售部门，本田从别的公司挖来一位销售部经理。

新销售部经理走马上任后，对本田公司销售部门陈旧落后的规章制度进行了改革，制订出一套具有竞争意味的新规章制度，其中包括开拓市场的详细计划和明确的奖惩措施。其后他又对销售部的组织结构进行了大刀阔斧的改革，使其符合市场要求。

新制度实行后，起到了极好的效果。以往那些混日子的员工感觉再也没有机会混下去了，人人自危，而那些一直想要好好工作的员工也终于有了发挥热情和才干的机会了。因此员工的工作热情被极大地调动起来，活力大为增强。销售的业绩也开始直线上升，市场知名度不断提高。

本田欣喜地发现了这一可喜的变化，从此他更加热衷于从外部聘请一些有能力的精干人员加盟到公司，借以提高公司发展速度和调动公司工作氛围。

可见，领导者要激励下属充满工作激情，就要努力创造一个良性竞争的氛围，让下属们在竞争中努力奋斗拼搏，在拼搏中展开竞争。在这样的一种风气下，领导者就可以找到提升工作效率的好办法。

企业中，竞争机制所起的作用被形象地称为“鲇鱼效应”。如此称呼是源于鲇鱼所具有的特殊效用。

话说挪威人很喜欢吃沙丁鱼，特别是钟爱活的沙丁鱼，但是活的沙丁鱼很奇缺。沙丁鱼被捕捞上来后，很快就因窒息而死亡。渔民想出各种办法企图让捕捞上来的沙丁鱼活着回到渔港，但成效十分有限。

有一个老船长却成功地让捕捞上来的沙丁鱼存活回到海港，并常常因此卖得一个好价钱。其他渔民都想知道其中的秘密，但老船长守口如瓶，不肯透露自己发财的秘密。直到老船长离世那一天，他才将这个秘密道出。

这个秘密很简单，原来，老船长在装满沙丁鱼的鱼槽里放进一条生性好动的鲇鱼。鲇鱼被放进去后，由于环境陌生，便四处游动。沙丁鱼见鲇鱼“杀”来，便四处躲避，加速游动，这样沙丁鱼缺氧的问题就得到了缓解，由此大多数沙丁鱼存活了下来。

企业引入竞争机制，会起到类似“鲇鱼效应”的作用，“鲇鱼”的加入会制造一种紧张气氛，让员工有一种压力和紧迫感。

为了能够在竞争中生存下来，不被淘汰出局，绝大多数员工会一改原先颓废的精神状态，振作精神，努力工作，积极处理问题。这样就给原来死气沉沉的工作状态注入了活力，形成一种人人争先进、人人求进步的良好态势，企业由此获得生机和活力。

引入“鲇鱼”时，需要看准时机，当企业成员长期稳定，工作热情降低，企业缺乏活力，需要激发组织或成员工作积极性的时候，才适合引入“鲇鱼”。

至于需要引入什么类型的“鲇鱼型”人才，需要根据具体情况决定，既可以是领导者，也可以是普通职员，不同的“鲇鱼型”人才的作用是不同的，具有一定的针对性。

“鲇鱼型”人才既可以由外界引入，也可以在内部培养，主要取决于需要“鲇鱼型”人才发挥什么样的影响、达到什么样的目的，还要考虑到企业的实际情况，具体情况具体分析。

由于“鲇鱼型”人才代表了不同、创新，常独立于人数众多的“沙丁鱼”之外，因此常被冠以“另类”“奇葩”等标签。正由于此，他们常会受到众多“沙丁鱼”的孤立和攻击。作为领导者，要在工作上给予其足够的支持和帮助，以便在企业内部成功形成“鲇鱼效应”。

企业引入竞争机制是非常有必要的，它关系到企业的生存活力，有利于增强企业市场竞争力。同时，对员工而言，它也是有着莫大意义的，可以促使员工自觉学习岗位知识，提高专业技能，最终增强个人综合能力。

个人能力的增强，反过来又会有利于企业的生存和发展，这样就盘活了企业原先僵死的工作状态，使企业充满生机和活力。

需要注意的是，这里所说的竞争指的是良性竞争，是会促进人际关系、有利于提高工作效率的竞争。而那些破坏人际关系、拖先进者后腿、污蔑他人、使成员之间相互戒备的竞争属于恶性竞争。

领导者要想尽办法设立或引进良性竞争，杜绝恶性竞争，以建立和谐的人际关系，提高工作效率，促进企业和谐有序地发展。

领导力箴言

◎有竞争，才有活力，有活力才有发展，一个国家如此，一个企业亦如此。

◎作为领导者，要在工作上给予“鲇鱼型”人才足够的支持和帮助，以便在企业内部成功形成“鲇鱼效应”。

◎企业引入竞争机制是非常有必要的，它关系到企业的生存活力，有利于增强企业的市场竞争力。同时，对员工而言，它也是有着莫大的意义。

欧白恩

我的愿景对你并不重要，唯有你的愿景才能够激励自己。

4. 建立激励机制，充分激发下属潜力

从制度层面上讲，激励是企业绩效考核的重要组成部分，是反馈员工具体工作结果的重要方式。从管理角度上讲，企业发展也确实需要好的激励机制，这是不可否认的，因为人需要适时激励，不激励就会懈怠，就会停滞不前。

法国一位叫作林格曼的农业工程师曾做了一个引人深思的“拉绳试验”，具体来说是这样的：

他将接受试验的人群分成一人组、二人组、三人组和八人组。要求每组用全力拉绳。高灵敏度的测力器会准确显示出各组拉力的大小。

试验的结果出乎人们的意料。人们普遍认为，多人组拉绳的合力应该等于每个人拉绳的拉力之和，但事实却不是这样。

测试结果显示，二人组的拉力只是单独拉绳时二人拉力总和的95%；三人组的拉力只是单独拉绳时三人拉力总和的75%；八人组的拉力只是单独拉绳时八人拉力总和的49%。人数越多，拉力之和就越低于单独拉绳时的拉力总和，这说明了什么？

上述这种"1+1＜2"的情况，不符合科学，却符合情理，因为有人在小组合作拉绳时偷懒，没有使出单独拉绳时的力气，而且人数越多，这种情况越明显。社会心理学家认为这是集体工作时存在的一种普遍现象，他们将其概括为"社会浪费"。

要避免这种"社会浪费"，让人的潜力尽可能地发挥出来，就需要给予相关人员以刺激，而最有效的刺激手段就是建立激励机制。

工业化时代，一个让工厂主非常头疼的问题是工人的消极怠工。为了消除这种现象，工厂主们制定了很多严厉的惩罚措施，甚至雇佣工头全程监督工人们干活，但是情况依然没有多大的改变。因为工头人少，工人多，单靠工头的监督，注定是没有多大改变的。

后来，福特公司创造性地采用了效率工资，实行按劳分配的制度，多劳多得，少劳少得。这个举措一施行，就获得了很好的效果，工人怠工的现象迅速消失，每个人都想办法提高自己的工作效率。

这就是企业需要建立激励机制的主要原因。由此可见，激励机制是企业健康、快速、顺利发展的重要保障，不可或缺。

员工需要激励，已经毋庸再做讨论。作为领导者，如果能在工作中掌握并适时运用必要的激励手段，则会充分激发出下属的潜力，让下属努力并开心地工作，发挥出最大价值。

索尼公司内部有个不成文的规定，就是当部门内部的某员工有了新发明或新创意并受到公司的认可和表扬时，那个部门都要对该员工进行热烈祝贺。

这种高度认可的措施，使得受奖者本人倍感自豪，同时也会对其他员工形成有效刺激，员工们会自觉更加努力工作，努力取得突破，以获得公司的认同和奖赏。

20世纪40年代，为了跻身电视机销量前三甲，摩托罗拉公司的创始人高尔文制定了一套非常具有实效的奖励机制，督促所有员工都朝着艰难目标前进，积极创新，努力降低成本，提高生产效率，同时加大宣传力度。结果不到一年的时间，在各部门高度配合下，摩托罗拉成功完成了高尔文下达的任务，从销量排名第七位上升到排名第三位。

激励可分为物质激励和精神激励。物质激励主要是工资和奖金激励。

（1）工资激励

对于工薪阶层来说，工资待遇是满足其生存发展的重要保障，具有非常重要的作用和意义。所以，领导者要建立一套科学合理的工资待遇制度来激励成员。事实证明，如果工资制度科学合理，就会客观激发员工的工作热情和提高工作效率。

工资激励要贯彻劳绩挂钩、奖勤罚懒的原则。让报酬与员工的贡献成正比，这样才会起到应有的激励作用，也会让人服气。总体来讲，大凡成功的企业，员工的报酬通常和其工作量、劳动效率以及同类劳动的报酬总额成正比关系。

（2）奖金激励

奖金是对员工额外劳动的报酬，能够有效激励员工的工作热情，提高工作效率。在进行奖金激励的时候，要注意不能搞平均主义，注意差别性，努力体现出“多劳多得，少劳少得，不劳不得”的现代分配原则。

精神激励就是对员工给予人性上的认同和赞美，认同他们的成绩，赞美他们的行为。下面这些精神激励手段和技巧具有实效性，可根据不同情况灵活采用。

（1）少一些批评，多一些鼓励

诸多的事实证明，在激发员工工作积极性、挖掘潜力方面，鼓励比一味地批评更具有实效性，如鼓励可以提高员工的自信心和上进心，让他们对生活和未来充满希望；鼓励还可以促进工作的顺利完成，并有利于保证工作质量，这一方面是批评所无法比拟的。

另外鼓励员工还可以为公司营造出一种和谐的工作氛围，有利于公司文化的建立和推行。因此，在员工工作出现失误，或者处于十字路口的时候，要尽量多一些鼓励，少一些挖苦和批评。

（2）及时地给予真诚赞美

员工需要鼓励，更需要赞美。赞美是一种认可、肯定，对员工的积极性有着非常大的提升作用，因此，当员工做出成绩时，作为领导者要及时地给予真诚赞美。

畅销书作家鲍勃·纳尔逊在自己的一本畅销书上写道："对员工来说，在恰当的时间从恰当的人口中道出一声真诚的谢意，要比加薪、正式的奖励或众多的资格证书及勋章更重要。这样的奖赏之所以被看得如此之重，一定程度上是因为经理人在第一时间注意到相关员工取得了成就，并及时地亲自表示嘉奖。"

这种赞美不要拘泥于形式，无须过多考虑时间和地点问题，只要认为应该给予赞美，可随时随地适时予以称赞。

（3）予以荣誉称号

对工作成绩突出的员工，可给予荣誉称号，强调公司对其工作的高度认可，这会激起员工的荣誉感，激励员工更加努力工作。荣誉称号可采取多种形式，如可设立"销售冠军""创意标兵""金牌售后""十佳员工""功勋员工"等各种荣誉称号。人物选定后，可举行适当的颁发荣誉仪式，以奖励获此殊荣者，同时激励其他员工。

（4）给予单独指导

单独指导会让被指导方认为受到了重视，得到了关照。通常，他们会很兴奋，进而，学习和工作的积极性会高涨起来，并因此获得进步。

“我的导师是比尔·盖茨先生，在美国工作时，每个月我们都会花一个小时进行一对一的沟通，这对我的影响太大了，我从中学到了很多东西。”这是微软中国总裁张亚勤在回忆起自己的成长历程时所说的一段话。

适当的激励会让员工兴奋不已，会让员工产生“士为知己者死”的豪迈之情。一个聪明的领导者从不会拒绝采用这种方式激发下属深藏的潜力，相反，却会巧妙利用，使之发挥应有的效用。

领导力箴言

◎领导者在工作中掌握并适时运用必要的激励手段，会充分激发出下属的潜力，让下属努力并开心地工作，发挥出最大价值。

◎在员工工作出现失误，或者处于十字路口的时候，领导者要尽量多一些鼓励，少一些挖苦和批评。

◎对工作成绩突出的员工，可给予荣誉称号，强调公司对其工作的高度认可。

徐干

赏罚者，不在于必重而在于必行。

5. 别做糊涂神：当赏则赏，当罚则罚

赏罚机制是一个企业绩效考核的重要组成部分。一个企业只有做到当赏则赏、当罚则罚、赏罚分明，才能规范员工的行为，激发员工的工作热情和潜力，使之提高工作效率，为企业多做贡献。

奖赏和惩罚是矛盾的统一体，对企业来说，两者的最终目的是一样的，正如上面所说，是要规范员工的行为，激发起工作热情和潜力，使之提高效率，更多地为企业多做贡献。但两者的作用方式却是相反的，奖赏是用积极的方式引导、刺激员工进步，使他们朝着企业希望的方向发展；而惩罚则恰恰相反，是用强制的手段对员工进行处罚，使之规范自己的行为。

在是否利于企业发展上，奖赏和惩罚是不对等的。虽然惩罚可能更具有权威性和强制性，但它仅仅能使员工达到一个合格的标准，很难再进一步提升，而奖赏则可以将员工推向一个更高的境界。

一个公司为了避免员工迟到，规定对迟到的员工进行惩罚，每迟到一次罚款20元。最初，迟到现象不是很多。但过了一段时间，迟到的人数虽然没有增多，但员工似乎都愿意“踩着点”来上班。8:30上班，8:28～8:29

才姗姗来迟。

思考之后，公司的领导又出台了一项新规定，就是设置了一个鼓励奖，对早到岗位者进行奖励，每月奖励200元。这次效果凸显，迟到的人几乎没有，而且不再“踩着点”上班，都是早早来，早早进入工作岗位。员工的工作积极性似乎提高了。

前面讲过，领导者要包容错误，允许失败，给下属以成长的机会，但并不是说领导者要无原则地包容和允许。如果无原则地包容错误、允许失败，那么就会滋生惰性和腐败，企业很快就会被搞垮。

正确的做法是在面对错误和失败时，领导者要仔细认真地调查，冷静客观地分析，判断这次错误或者失败是否可以容忍，此次事件是否能给当事者带来足够的教训或启发，是否可以为企业的未来带来利益。如果答案是肯定的，那么领导者就可以考虑给予当事人以宽大处理。

后藤清一郎十分仰慕松下幸之助，于是毅然辞去了三洋公司副董事长的职务，来到松下电器公司担任厂长。令他没有想到的是，由于他的一次工作失误，导致工厂毁于一场大火，损失不可不说严重。

后藤清一郎知道问题有些严重，内心感到恐慌。他素知松下幸之助一向管理严格，员工的一次小错误都会引来他雷霆震怒，而现在自己惹下这么大的祸端，松下肯定是不会宽恕自己的。这一次，后藤清一郎想错了，松下幸之助知道事情的前后经过后，只对他说了四个字：“好好干吧！”

后藤清一郎感动极了，一时间他不知道说什么好，下定决心要永远追随松下，竭尽全力为松下电器公司贡献力量。

表面上看，松下对后藤清一郎的处置有些不合情理，但实际上却是十分睿智的做法。通常，员工犯一些小错误，自己会很不在意，这样就容易滋生轻慢心理，因此，松下才会对犯一些小错误的员工大发脾气，以引起犯错误的员工对所犯错误的重视。而犯大错误的时候，多数人都会知道反省，此时如果再去一味斥责就可能使其斗志全失。松下很了解后藤清一郎，知道对方是个有能力又有负责精神的管理者，这次事故不存在主观过错。正是鉴于上面这两个原因，松下幸之助给予后藤清一郎以宽大处理，并鼓励他好好为公司服务。

反之，如果所犯错误是不可容忍的，是原则性的错误，领导者就应该按照制度规定给予当事人以严厉惩罚。

克罗克是麦当劳的创始人之一。一次，一名员工盗窃了公司的一些东西被发现。由于数量不是很大，东西也不值钱，所以，公司一些人主张大事化小小事化了，饶过他一回。但是克罗克却坚持认为此事已经触及为人行事的原则问题，必须严惩。在克罗克的坚持下，最终这名员工受到了严厉的惩处。

总之，在是奖是罚上，领导者不要看到使企业受损了，就惩罚员工，看到使企业获利了，就奖赏员工，要思考得更深远一些。如果因为自身责任感缺失、工作态度不端正，损害了团队利益，就应该予以惩罚，以作教育。

如果因为不经意的失误，因失态的巧合，或者因创新，致使企业受到损失，应该给予宽大处理，特别对于后者，不但不应该给予处罚，反而应该多方面进行鼓励和支持。

根据执行力战略环境评价体系，对员工奖罚的基本要素通常包括以下几项：

（1）角色奖罚

奖励对象是那些在工作中具备充分的角色意识，并且具有大局观、责任感的员工；惩罚对象是那些只知其然而不知其所以然的员工。对于那些虽很有潜力，但发挥却很有限的员工给予刺激，以使他们把潜能激发出来。

（2）工具奖罚

奖励对象是那些善于工作、长于创新、充分发挥出创造力的员工，也就是对于那些能够充分运用工具完成工作的员工进行奖励。

（3）执行奖罚

主要对那些能够较为准确掌握和不断优化流程的执行者进行全程激励。

（4）成效奖罚

奖励对象是那些取得好的工作成果的员工。这属于绩效评估的一种。

（5）心态奖罚

简单说，对那些带着正确心态工作的员工进行奖励，对那些带着错误心态工作的员工进行惩罚。

惩处时，领导者要注意这些事项：要就事论事，不要翻旧账；不要伤人自尊；不要过于依仗权力，而要依仗道理；不要存有轻蔑心，更不要有轻蔑的言行；要有所指，不要肆意发挥；要带有诚意地和对方探讨产生错误的原因和解决办法；对不同的下属，应采用不同的处理方式。

需要深思的是，由于奖赏更能激发出员工的热情和潜力，提高员工的创造力，所以领导者对员工应当多一些激励，少一些惩罚，恩威并济，激励和惩罚并用，以利于调动员工积极性和创造力，最终有利于企业发展壮大。

有些企业在制作处罚单时，在处罚单上加了一句话："纠错是为了更好地正确前行。"而且处罚单也不叫处罚单，而叫"改进单"。这样的方式显然要比单纯严肃的处罚效果要好许多，富有人情味、教育性、启迪性，这样就将反面教育改成了正面教育，作用和意义自然不一样。

领导力箴言

◎一个企业只有做到当赏则赏、当罚则罚、赏罚分明，才能规范员工的行为，激发出员工的工作热情和潜力。

◎领导者要对那些带着正确心态工作的员工进行奖励，对那些带着错误心态工作的员工进行惩罚。

◎领导者对员工应当多一些激励，少一些惩罚，以利于调动员工积极性和创造力，有利于企业发展壮大。

司马光

平而后清，清而后明。

6. 让制度保持公平、公正

公平的制度是保持企业正常运转、形成良好组织氛围、提高工作效率的根本保证。一个企业要想有长远的发展，必须要有一套公平、公正的制度体系来做保证。

美国哲学家罗尔斯在《正义论》里把财富比作一锅粥，一群人来分这锅粥。在他罗列的五种分粥法中，前三种分法都无法做到让粥一样多，显然有失公平。第四种分法虽然基本做到了公平，但是由于异议颇多，分者和监督者争论来争论去，分到手的粥早凉了，也无法让人满意。

第五种分法是这样的：每人轮流值日分粥，但是分粥的人最后一个领粥。结果每次七个碗里的粥都是一样多，就像用科学仪器量过的一样精准。这个结果让众人无话可说。

这说明了什么？说明把制度建立在对每一个人都信任的基础上，就可以制定出一套公平、合理的制度了。也就是说，要想让制定出的制度公平、合理，需要一视同仁。同时，这个比喻也说明了公平合理的制度在资源分配中的重要作用。

公正、合理是制度的首要价值，只有公正、合理的制度才能得到大多数人的认同和遵行，也才能够持久。因为，制度公正合理，可以保证组织成员机会均等，避免差别对待。对组织领导者来说，可以避免其徇私舞弊，真正做到制度面前人人平等。

另外，只有制度公正合理，才能让组织成员有更好的执行力，才能调动起工作积极性和创造潜力，也才能让领导者从事无巨细、事必躬亲中解脱出来，从而将精力真正用在提升领导力上。

当然绝对的公平是不存在的，那只是一种理想状态，是一定标准下的相对公平。正因为如此，公平才有它真正的现实意义。为了做到公平，对普遍的、共性的东西，要采取统一的标准，这样才会让人最大限度接受。而对于特殊的、个性的东西，要在统一标准的基础上，采取个性化的制度安排。

制度的公平还体现在执行的结果上，如果执行不公正，那即使制度制定得再公正合理，又怎么会让员工接受？所以必须保证公平的制度得到公正的执行。如何做到公正的执行呢？简单来说，制度所做的规定要令行禁止，对认真执行的员工给予规定的肯定奖赏，而对违反制度的员工给予规定的惩罚，赏罚分明，这样才会让人觉得公正。

对于领导者来说，要想保证制度公平、公正，就要身体力行，做好表率作用，要求下属做到的，自己首先要做到。

领导者要带头遵守组织制度，坚持按制度办事，用制度管人。一句话，领导者始终要将自己的言行置于制度范围之内，不去做违反制度的事。为了做到这一点，可以让员工监督自己的言行，严格做到以身作则，只有这样才能让下属信服，才能使其对制度保持敬畏之心。

要想保持制度公平、公正、合理、规范，要注意不断对其进行修改完善。制度本来就不是一成不变的，随着时间的推移、情况的发展变化，原有的制度可能已经不适应新情况、新变化了，需要对其进行修改完善，使其适应新情况、新变化。

对于这一点，领导者一定要足够重视，对于那些已经不适应当下情况的制度一定要及时进行修改完善，将不合适的条款删去或者进行修订，再补充进去适合当前情况的制度条款。

作为领导者，一个重要的职责就是建立一套适合本企业的公正、合理的制度，每个员工都可以按照这套制度进行良好的自我管理。

一般来说，公正、合理的企业制度需要兼顾下面几个要素：

① 制度不仅仅要告诉员工遵守什么，违反了如何处罚；更应该明确告知员工做出了什么成绩，会受到什么奖励，以激发其工作积极性和潜力。

② 制度中有关晋升、奖励、薪酬的规定要公开透明。

③ 制度要体现对企业内部权利设置的制衡，对争议应有裁决机制。

④ 制度中要明确对各级管理人员的授权，责权分明。

⑤ 制度中对违反权力的监督及处罚要具有切实可操作性。

⑥ 制度要具有操作性、可行性，力求简洁和全面，便于理解，便于执行。

⑦ 制度要不断进行修改完善，特别是遇到国家政策调整或市场大环境改变时，更要根据实际情况及时修订，以便使制度更适应新情况、新变化。

公正、合理、有针对性的规章制度可以让重复的流程简单化，有利于提高工作效率。同时，还可以激发起组织成员的工作热情，避免领导者以权谋私、徇私舞弊，有利于在组织内形成整体积极向前的效力，利于企业发展。

领导力箴言

◎对于领导者来说，要想保证制度公正、合理，就要身体力行，做好表率作用，要求下属做到的，自己首先要做到。

◎领导者的一个重要的职责就是建立一套适合本企业的公正、合理的制度，每个员工都可以按照这套制度进行良好的自我管理。

◎对于那些已经不适应当下情况的制度一定要及时进行修改完善，将不合适的条款删去或者进行修订，再补充进去适合当前情况的制度条款。

享·乔治

不公正的东西实在无益于人；公正的东西至少无损于人。

7. 让制度保持适度透明

现代人都看过透明鱼缸以及里面优哉游哉游着的金鱼。透明鱼缸一般是玻璃材质的，透明度很高，可以一眼看清里面的情况。可能绝大多数人看过、欣赏过后，也就止于此。但是，日本最佳电器株式会社社长北田光男却没有止步于此，他在发现可以透过透明的玻璃随时看到鱼缸里面情况，在水质变坏时及时采取措施之后，进一步想到，如果将这种情形应用到企业管理方面，是不是有利于企业发展和团队建设呢？

在此基础上，经过深入思考之后，北田光男提出增强企业的透明度，并把增强透明度的重点放在各级经营管理者的经济收入上，要求企业各级领导者的经济收入和费用报销要如实地向企业利益相关者公开，接受他们的批评建议，并根据他们的意见，完善经营管理。改革的结果表明，北田光男的改进是有益的。

北田光男的建议和举措用一句话来概括，就是增强企业制度透明度，接受企业利益相关者监督，以促进企业发展。

制度透明化，也可以说是一种民主效应，让参与者都有知情权、参与权。这项领导思想如果善加利用，会产生好的效果。

史塔克是一位践行此管理模式的先行者，他有良好的道德品质，为业界所尊崇，曾被授予“企业信用奖”。他接掌春田重整公司的时候，该公司刚刚从国际丰收公司脱离出来。

当时春田重整公司战略定位模糊，经营理念缺失，情况十分糟糕。史塔克经过一番调查研究后认为春田重整公司要想立足并长期发展下去，唯一的办法是增加员工的知情权，即让员工了解公司的实际情况。

于是，史塔克开诚布公，定期公布公司的账册和各项财务报表，让公司里的每一位员工都了解公司整体的经营状况。员工看不懂财务报表，他就亲自教，直至员工最终弄明白。

就是在这样的开诚布公下，员工逐渐清楚了公司目前的状况，也逐渐认可了公司的发展目标，以及明确了自己的价值定位，从而甘愿团结在领导的周围，为企业发展贡献力量，最终成功与企业共渡难关。

让制度透明，就要让员工充分了解公司的情况，这是核心举措。作为领导者，要让企业的规章制度和工作内容透明化，以便员工照章行事，规范自己的行为，进行良好的自我管理。同时，还可以让各项工作置于员工的有效监督之下，防止领导者徇私舞弊、滥用权力，从而强化领导者的自我约束。

更为重要的是，员工在监督领导者是否滥用职权的时候，自身的归属感和责任感会不自觉地得到增强，主人翁意识得到提升，爱岗、敬业的精神得到升华，从而促使其更加主动地投入到企业发展中来，多多贡献自己的力量。

要想让制度透明化更有成效，还要赋予员工一定的责任，以此来强化对员工责任的监督。这句话什么意思呢？上面已经说过，制度透明化可以增强员工对企业和领导者的归属感。这种归属感最终要落实到推动工作的实践中去。

由于制度公开，极有可能会激发某些人的自私自利之心，由此给企业和个人带来一定的风险。赋予员工一定的责任，强化管理制度的执行，奖惩有力，会更加增强有责任心员工的归属感，使其更热心为企业效力，同时，一定的惩戒也会让一些犯有错误的员工得到教训，从而可以间接降低和避免上述风险。

但是让制度透明化，绝非把制度公开那么简单，其中涉及很多，比如，公开哪些内容？什么时候公开？如何解读公开的内容，以防止产生歧义……作为领导者，要对公司的运营情况、公司当前所处的形势以及员工对公司的认可程度都要有一定的了解。只有对这些情况保持清醒的认识，才能对制度该不该透明、如何透明有比较准确的判断。

总之，让制度透明化是领导者的一项任重而道远的任务，不是一朝一夕就可以做好的。对领导者自身来讲，要持续不断地提升自身的综合素质和职业道德，加强对企业和员工的了解，以保证实行制度透明化的准确度。

在具体实行制度透明化过程中，始终遵循和执行“公平、公正、公开”的原则去开展各项工作，努力让这项措施凝聚人心，激发工作热情和创造潜力，防止滥用职权和徇私舞弊行为的发生，使企业上下形成一股合力，促使企业得到持续、良性的发展。

领导力箴言

◎领导者要让企业的规章制度和工作内容透明化，以便员工照章行事，规范自己的行为，进行良好的自我管理。

◎领导者要持续不断地提升自身的综合素质和职业道德，加强对企业和员工的了解，以保证实行制度透明化的准确度。

◎在具体实行制度透明化的过程中，始终遵循和执行“公平、公正、公开”的原则去开展各项工作。

法约尔

在管理方面没有死板和绝对的东西，全都是尺度的问题。

8. 把握好制度和温情的尺度

有这样一则小故事，意味深长，耐人寻味。

一个猎人和一条猎狗组成了最初的团队，猎人是领导者，狗是他的下属。猎狗的任务是抓兔子。刚开始，勇猛的猎狗抓不到一只兔子。猎人很奇怪，仔细寻找其中的原因，发现其中的端倪：猎狗奔跑的目标只是一顿饭，而兔子奔跑的目标是逃生，这种情况下，猎狗追不上兔子。猎人引入竞争机制，又买来几条猎狗，并规定谁抓到的兔子多，谁得到的奖励也多。

猎狗开始能抓到兔子了，可是抓到的都是一些小兔子，因为小兔子跑得慢。猎人又想出办法，规定谁抓到的兔子越多越大，谁就能得到更多的奖励。规定很有效，一段时间内，猎狗们抓到的兔子多且大。

时间长了，又出现了问题。猎狗们集体不抓兔子了。猎人很奇怪，就问猎狗原因。猎狗问猎人："我们最强壮的时候为您效力，但是当我们年老跑不动抓不到兔子的时候，您还会给我们骨头吃吗？"

猎人有所感触，于是又做了新的规定。新规定是如果猎狗抓到规定数量的兔子，即使再抓不到兔子也有骨头吃。猎狗们一下子兴奋起来，又开始拼命抓兔子。

过了一段时间，新问题又一次出现了。原来一只猎狗认为：自己付出的远远比自己得到的多，为什么不能给自己抓兔子呢？于是它离开猎人，开始给自己抓兔子。另有几只猎狗也效仿它，离开猎人给自己打工。

猎人又进行改革，规定除了可以得到骨头外，还可以得到一部分兔肉，而且比例可以随着贡献量的增加而提高，同时，能力强的猎狗还可以提升管理职务。

新政颁布不久后，出走的猎狗纷纷又回到猎人身边。

这个故事说明了这样一个事理：一个组织不能没有制度的制约，但是又不能完全靠制度的制约。制度之外，要考虑情感需要。

故事里，猎狗抓不到兔子，猎人也供给饭吃，任其下去，滋生了猎狗的惰性。猎人引入竞争和奖励机制，情况有所改观。但是由于激励机制不够，猎狗的积极性没有被完全激发出来，所以进步不明显。进一步加强激励刺激后，情况有了重大改善。

事情到此就圆满了吗？显然不是，猎狗担心自己的将来而罢工，猎人有感触，于是设立养老保障制度，让猎狗们放心工作。

事情到此似乎圆满了，其实并没有。猎狗在生活有了保障后，需求层次升级，这种情况下，猎人又设立新规，以满足猎狗不同层次的需求，为其发展扫清障碍，至此，事情才得到了圆满解决。

作为领导者，在实际工作中，既要严格按章办事，保证组织利益的获取，又要兼顾组织成员的利益和情感需要，努力将两者协调统一起来。

竞争机制是为了防止滋生惰性，激励机制是为了激发员工的工作积极性和创造力，以提高工作效率。而设立养老保障制度，是为员工解决后顾之忧，让员工踏实工作。晋升奖励机制的完善，满足了员工不同层次的需求，为组织和个人的发展扫清障碍。

领导者要把握好制度与温情的尺度，不能只考虑组织的利益，对组织成员冷漠无情，同时也不能只讲个人利益和情感，不讲组织原则，损害组织利益，要努力将两者统一起来。

只讲制度不讲人情，无疑会抹杀人的情感需求，长期下去，必然会伤了员工的心，对企业和领导者失去感情，从而动摇企业生存的根本。

亚细亚集团曾对员工实行军事化管理，全体员工都要接受军事培训，统一春夏秋冬服装，并按等级在肩章上佩戴星阶标志，全商场职工按连排班进行编组。

严格秉持“上帝是永远正确的”经营理念，要求员工不分情况微笑服务，坚决做到打不还手、骂不还口。这种只尊重客户不尊重员工，不惜以牺牲员工人格和尊严的方法讨好客户的管理，最终让员工感到屈辱，从而与企业和企业领导离心离德。

因此，在管理企业和领导员工上，领导者要掌握好“尺度”，不是越严越好，也不是越温情越好，要努力做好平衡。正如“梅考克法则”所揭示的管理的核心：管理是一种严肃的爱，是不断实现组织目标并满足组织成员需求的过程。

领导力箴言

◎领导者在实际工作中，既要严格按章办事，保证组织利益的获取，又要兼顾组织成员的利益和情感需要，努力将两者协调统一起来。

◎领导者不能只考虑组织的利益，对组织成员冷漠无情，同时也不能只讲个人利益和情感，不讲组织原则，损害组织利益，要努力将两者统一起来。

◎在管理员工上，领导者要掌握好“尺度”，不是越严越好，也不是越温情越好，要努力做好平衡。

高尔基

在这个一切都基于竞争的世界上，是没有童话般的幻想和多愁善感存在的余地的。

9. 用良性“末位淘汰制”激励员工

看下面这幅竞争意味浓厚的画面：

当太阳刚升起来的时候，在广袤的非洲大草原上，动物们的“生存竞技”就开始了。

这边狮子妈妈在教育小狮子：“孩子，你必须要跑得快一点儿，再快一点儿，你如果跑不过最慢的羚羊，等待你的将会是死神的到来。”

在另外一个地方，羚羊妈妈也在教育自己的孩子：“孩子，你必须要跑得快一点儿，再快一点儿，如果你不能跑得比最快的狮子还要快，等待你的将会是狮子无情的血盆大口。”

自然界和人类社会都是残酷的，优胜劣汰生存法则无处不在。跑得慢了，就会掉队，而掉队了就会被无情淘汰。

管理学家把这种残酷的竞争机制引到管理中，就成了“末位淘汰制”。简言之，“末位淘汰制”是一种绩效考核制度，是指工作单位根据本单位的总体目标和具体目标，结合各个工作职位的实际情况，设定一定的考核指标体系，并以此指标体系为标准对员工进行考核，再根据考核的结果对得分靠后的员工进行淘汰的绩效管理制度。

生活中经常有这样的事，让某人做某事时，如果告诉对方“只有一次机会”，对方往往会变得异常勇敢起来，会在没有丝毫抵抗的情况下采取行动。这是因为“只有一次机会”让人变得异常畏惧，从而高度警觉。

“末位淘汰制”就是利用了人们的这种畏惧心理，使人变得勇猛而警觉。“末位淘汰制”虽然很残酷，但符合市场竞争机制，有其积极作用，从客观上能够推动员工的工作积极性，以及解决组织人员冗杂问题。

美国佛罗里达州一家公司的销售部实行“末位淘汰制”。公司每三个月对所有销售人员考核一次，然后依据考核的结果进行职位调整。6名销售副总监业绩最差的一位自动降为普通业务员，而业绩最好的业务员自动升职。

这个制度让销售副总监们战战兢兢，如履薄冰，他们生怕自己一不留神，就会被无情淘汰出局，即使是每个赛季排在前三名的副总监也面临被淘汰的危机，所以他们也不敢懈怠，放松努力。

结果，在施行“末位淘汰制”一年后，这家公司的业绩同比上年增长了一倍以上。

“末位淘汰制”的核心是竞争。有竞争才有高低优劣的区分，才能产生活力，才能激发员工的创造性和潜力。但是要注意竞争不是战争，竞争中应该互相帮助、共同进步，而不要互相排挤、打击，搞恶性竞争。

有经验的渔民在捉螃蟹的时候往往会用小口的竹篓装螃蟹。捉到第一只螃蟹，放进竹篓时，他们会把盖子盖严，等捉到第二只螃蟹的时候，就不需要盖盖子了。这是为什么呢？原来当有两只或两只以上的螃蟹被装进容器时，螃蟹都争先恐后往出口爬。竹篓口小只能容一只螃蟹爬过，螃蟹都想爬出去，互不相让，互相阻挠，最终一只螃蟹都无法爬出去。

这就是恶性竞争，恶性竞争的结果往往是两败俱伤，谁也不会成功。因此作为领导者，一定要引导下属合理有序地进行良性竞争，并千方百计杜绝恶性竞争。良性“末位淘汰制”的建立，需要领导者依据本单位的实际情况，明确管理目标和职位职责。如果管理目标和职位职责不明确，考核标准就无法确定。此外，还要明确考评的目的和考评的范围，以及规定考评的主体，并设立考评项目、考评周期、考评办法以及奖惩措施。

对于员工而言，“末位淘汰制”过于残酷，缺乏人情味，还涉及个人尊严问题，因此，会对其产生一种畏惧心理，这就要求领导者要充分利用“末位淘汰制”的积极作用，而要注意避免或削弱其消极作用。

如何才能避免或者削弱“末位淘汰制”的消极作用呢？办法是将它与人本管理思想结合起来。人本管理思想突出或强化人性管理，尊重人性，提倡相互帮助、相互提携，注重长期效应。

举个例子，在不改变“末位淘汰制”考核周期的情况下适当延长它的淘汰周期，给考核者一个追赶上来的机会，这样会有效提升员工的工作积极性，也能够让员工对自己在工作中的优劣态势有个清醒的认识，促使其找出差距，弥补不足。更为重要的是，这样还会有效缓解员工的心理压力，增强其信心，同时，还可以改善员工间的紧张关系，使团队成员更重视工作业绩，在组织内形成一种有序的你追我赶的良好竞争局面。

总之，领导者有必要在组织内建立“末位淘汰制”，利用其积极的一面激励员工相互帮助、相互支持、共同进步，增进组织的团结和凝聚力。

领导力箴言

◎领导者要保证下属在竞争中互相促进、互相帮助、共同进步，而不要互相排挤、打击，搞恶性竞争。

◎领导者要依据本单位的实际情况，明确管理目标和职位职责。

◎领导者要利用“末位淘汰制”积极的一面激励员工相互帮助、相互支持、共同进步，增进组织的团结和凝聚力。

第七章

做善于情感投资的领导者——激起员工回报企业的欲望

情感是人与人之间关系的推进剂，掌握运用好情感牌，会有助于人际关系的推进。作为领导者，如果能以关爱之情“驾驭”下属，则会换来下属相应甚至是更高的情感回报。因此，远见卓识的领导者从来都是那些善于做情感投资、关爱下属的人。对员工而言，如果受到领导关爱，必然油然而生感激之情，从而心甘情愿追随。

佚名

在成功的天平上，付出多少，就能得到多少。

1. 投资情感，激起下属回报的欲望

有人说情感投资是最有眼光的投资，是最高明的"理财"，"女为悦己者容，士为知己者死""得人心者得天下"之类的古训似乎验证了这种说法。确实，不可否认，情感投资的成效要远超那些世俗的赤裸裸的物质投资的成效，它更文雅，更深入人心，也更容易收到回报。

春秋时期，秦穆公的一匹良马被300多个乡下人偷着宰杀后分吃了。秦国的官吏捉到他们审问清楚后，准备严惩他们。秦穆公说："放了他们吧，我不能因为一匹马而惩处300多人。我听说食了良马肉，如果不喝酒，会对身体不利，赏他们酒喝，别吃坏了身子。"重获新生的300多乡民千恩万谢地磕头离开了。

几年以后，秦国和晋国在韩原开战。这300多人听说后，都奔赴战场帮助秦军。正巧秦穆公的战车陷入晋军的包围中，形势十分严峻。这些人不顾危险，高举武器冲进包围圈，奋不顾身与晋军作战，以报答当初秦穆公不杀之恩。经过奋力搏杀，他们终于将秦穆公从包围圈中解救出来。

可能当初秦穆公释放宰杀他良马的这些人时，并没有想情感投资，但

实际情况却是，正是他当初的不杀之恩，让这些人抱了拼死效忠之心。

无论一个人给他人的印象有多么强硬、多么坚毅，其内心深处总有一块脆弱的地方需要精心呵护，需要他人的慰藉、关怀、重视，正所谓“人非草木孰能无情”。自古以来，绝大多数出色的领导都善于“收服人心”“经营人心”。有时候，尽管人们在物质上得到了很多，但总是无法替代情感上的独特需要，正是由此，情感投资才有了巨大的市场和惊人的成效。

作为领导者，一定要深知情感投资的重大意义，清楚其中蕴含的巨大力量，这样才能真正重视起来，做好这方面的投资。一般来说，情感投资具有下列非凡的意义：

（1）有利于制造出一种融洽的氛围

一般情况下，如果一个企业被温馨的情感所充盈，就会有利于员工与企业、员工与领导者之间的情感交流，建立起融洽的关系，进而可以提升领导者的魅力以及员工的工作热情，最终有利于企业经济效益的提高。

美国通用公司总裁弗朗科斯曾说：“你可以用钱买到一个人的时间，雇佣一个人到指定的工作岗位。可以买到小时或者按月份付酬的技术操作，但是你却买不来一个人的热情，买不来一个人的创造性，更买不来一个人倾心的投入。”

这些用金钱买不到的金贵东西，却可以用情感换来，用领导者真诚的重视和关爱换来，用企业融洽的情感氛围换来，这已经成为一些高明领导者用以提升企业发展速度的重要手段之一。

（2）有利于创造一种休戚与共的情结

领导者的很多言语行为对员工有着很大的影响，如果领导者真诚随和、关爱下属，愿意与下属打成一片，同甘共苦，就会获得员工的尊敬和信服，并愿意与之相处。员工乐意听凭调遣，更会爱屋及乌，把企业当作自己的家，把领导的事当作自己的事，同企业共进退，共荣辱。

（3）有利于激发工作积极性，提高工作效率

领导者尊重、关爱下属，真心为下属着想，会让下属的工作热情、自信心油然而生，进而激发他们的工作积极性，提高工作效率。员工心情的好坏，态度是否端正直接关系到他们的工作效率的高低。领导者真心关爱下属所调动起的员工的工作积极性，是金钱等其他物质所换不来的。

《礼记》云："往而不来，非礼也；来而不往，亦非礼也。"这就是平时我们所谓的"礼尚往来"。"礼尚往来"是我国社会的一个重大的社会属性，无论你是否愿意，都将会被它所左右。若领导者对下属尊重、关爱，则下属也必将会有相应的表示，以回报这份尊重和关爱，通常为一方面更加感激、信任领导，另一方面更加积极工作。

相对来说，金钱等物质对员工的刺激所引起的员工对企业、对领导者的回报是有限的，而情感投入所引起的回报则是无限的，因为后者是发自内心的付出，是心甘情愿的付出。

在管理界，通常把以情感交流为主要内容的管理模式称为"软管理"，领导者对员工发自内心的尊重、关爱，就是一种"软管理"。"软管理"是现代管理的新模式，是无法阻挡的潮流。

既然潮流无法阻挡，就要学会适应，适应的结果不是损人利己，更不是两败俱伤，而是利人又利己。因此，作为领导者，一定要认清"形势"，舍得下"血本"进行情感投资，跟员工打好关系。

领导力箴言

◎领导者一定要深知情感投资的重大意义，清楚其中蕴含的巨大力量，做好这方面的投资。

◎领导者真心关爱下属所调动起的员工的工作积极性，是金钱等其他物质所换不来的。

◎领导者一定要认清"形势"，舍得下"血本"进行情感投资，跟员工打好关系。

托马斯·沃森

自始至终把人放在第一位，尊重员工是成功的关键。

2. 问问自己，有没有足够尊重下属

尊重是人与人交往的基本准则，正所谓没有尊重就没有交往。心理学告诉我们，人性中最深切的心理动机是受人尊重、得到肯定和被人赏识的渴望。

对领导者而言，尊重员工是其应具备的基本职业素养，是获得员工尊重的一种重要途径，而对员工而言，获得尊重关系到自己是否甘愿继续听从领导和是否全心全意用心工作。

一次，上海电视台《有话大家说》栏目请来爱玛客中国公司上海分公司的几名员工到节目现场做访谈。主持人问："上海很多下岗工人宁可待在家里每月领几百元钱的补贴，也不愿意做些保洁、搬运等工作，你们公司却能在上海招到这么多下岗工人，能告诉我是什么原因吗？"

一位一线员工没有直接回答，而是反问了一句："问我们为什么宁愿待在家里也不愿意出来工作，还不如问问他们——他们为我们提供了什么？"

此话意味深长，言外之意不言自明。

作为领导者，一定要明白，像下属尊重自己一样尊重下属是现代人性化管理的基本要求，同时，也是回报率最高的情感投资。

有很多领导者不知道自己身边为什么总是不能够聚集更多的人才，现有的下属也总是抱怨连天，并且经常离职而去，他们把事情的原因归结为对方要求过多，却不去想想自己是如何对待他人的。连起码的尊重都没有做到，又如何谈将人才吸引到身边呢？

尊重下属，首要的是尊重下属的人格。领导者要明白，工作中，大家只是扮演的角色不同，人格是一律平等的。那种认为地位高人格就高，地位低人格就低的看法是极端错误的。

中国大酒店一位外方经理因茶杯位置放错了而斥责客房服务员："你是怎么做事的？茶杯的方向都弄错了，难道分不清方向吗？"

受了斥责的服务员受不了对方的讽刺，便回了外方经理几句硬气的话。外方经理很是生气，找到中方经理反映此事。中方经理回答："在我们社会制度里，上级是人，下级也是人，在人格上上下级是平等的。你那样斥责她，是她受不了进而反击的原因。"

外方经理这才明白过来，于是立刻向那位客房服务员诚恳地道歉。

尊重下属，还要尽力保证他们的权益，这也是非常重要的。如果漠视下属的权益，忽视他们的权益要求，就是不尊重他们。

尊重下属，要肯定下属所做出的成绩。人都有获得他人肯定的需求，并且愿意在这种肯定中继续努力，正如富兰克林所说："人总是向被肯定的方向求发展。"正由于此，英明的领导者从来都不吝于赞美下属，总是能够及时肯定他们的成绩。

玫琳凯化妆品公司的总部设在达拉斯。总部大门里赫然摆放着比真人都要大的该公司全国销售主任的照片。为什么这么做？缘于创始人玫琳凯重视人才、尊重人才的看法。

在玫琳凯看来，公司最高贵的财富不是先进的生产线，也不是豪华的高端建筑，更不是雄厚的资产，而是公司里的各级人才，是他们的存在，才有了玫琳凯公司骄人的业绩。“任何大规模企业的发展、兴盛，完全、唯一靠的就是公司里首屈一指的人才。”玫琳凯如是说。

尊重下属，要给下属一个属于自己的私人空间。大部分员工都希望享受工作，同时也希望享受家庭生活，所以尽可能不要在属于下属的私人时间里打扰下属。

尊重下属，要做到充分信任他们，在属于员工负责的工作职责内，大胆放权给他们，让他们学会对自己的工作负责，自己主动承担责任，并提高自我管理水平。

尊重下属，还要真正关心他们以及他们的家人，让他们感到春天般的温暖。

日本麦当劳有一项十分有新意的做法，那就是将所有员工的生日定为个人的公休日，目的是让每位员工都能在自己生日这一天和家人在一起欢度。

不但如此，每当员工的太太们过生日时，麦当劳的董事长都会让人从花店购买鲜花并送上门去。虽然只是一束鲜花，但礼轻情意重，员工的太太们都十分开心。

日本麦当劳每5个月还会给员工的太太们发一次奖金。奖金直接打到员工太太的户头上。为什么要给员工的太太发奖金？原因在于麦当劳的董事会领导者认为，员工之所以能将全部精力和注意力投入到工作中来，有很大一部分因素是来自太太的支持，因此，才决定发这笔奖金给员工的太太，以作感谢。

另外，日本麦当劳每年开年度大会时，还会在大饭店举办一次联欢会，而且明文规定，已婚的员工必须带上自己的伴侣出席。

实际上，尊重下属的形式有很多，远不止上述的几种，比如还有给下属创造宽松的工作环境，给予他们丰富的资源、帮助和支持。

每个员工可能都有自己不同的需求，谓之个性需求。面对不同的个性需求，领导者尽量要站在他们的角度，予以不同的满足。

作为领导者，如果发现自己总是吸引不来更多的人才，现有的人才也跟自己离心离德，不妨扪心自问一下，自己有没有做到足够尊重下属，足够真心对待他们。

正所谓“人敬我一尺，我敬人一丈”，领导者只有做到了真正尊重下属、真诚对待下属、真心为下属的利益着想，才能换来下属真心的回报。

领导力箴言

◎对领导者而言，尊重员工是其应具备的基本职业素养，是获得员工尊重的一种重要途径。

◎面对员工不同的个性需求，领导者尽量要站在他们的角度，予以不同的满足。

◎领导者只有做到了真正尊重下属、真诚对待下属、真心为下属的利益着想，才能换来下属真心的回报。

张瑞敏

经营企业就是要经营人，经营人首先要尊重人。

3. 把员工当朋友、家人，不当下属

员工是企业的希望，是企业最宝贵的资源，作为企业领导，一定要对员工的价值认识清楚，定位好员工在企业中的位置，英明的领导者从来不把自己企业的员工当作自己的下属，而是当作朋友，当作家人，像对待朋友、家人一样对待自己的下属。

亨氏公司是美国一家有世界影响力的大公司，其分公司和食品工厂遍及世界各地。它的创始人为亨利·海因茨。在创建公司和公司发展壮大的过程中，亨利自始至终都没有把公司的员工当作下属，而是当作自己的朋友一样对待。

他经常来到员工中间，与员工聊天、开玩笑、吃饭，了解他们的想法，了解他们工作和生活中的困难，并给予力所能及的帮助。每当他来到员工中间，很快那里就会谈笑风生，气氛热烈。员工们也没把亨利当作老板，也像对待自己的朋友一样对待他。

一次，亨利外出旅行，但不久就返回了。员工们不禁有些纳闷，当亨利来到他们身边时，他们就问他原因。亨利有些意味深长地回答："没你们

在身边，我感觉没意思，我想你们，所以我就回来了。”

亨利旅行回来，带回一条短吻鳄，他把它放进一个大玻璃箱里，召集员工观看。当员工们大呼好玩时，亨利笑着说道：“我的旅行虽然短暂，但是我高兴的是，我带回了它，而它让你们感到快乐。”

这种与员工打成一片，把员工当朋友的做法不但没有使员工产生懈怠心理，反而调动起他们工作的积极性，使他们更加努力且开心地工作着。

把员工当朋友、当亲人，不当下属，是一种非常英明的情感投资，投入的是真诚、友善，收获的不单有真诚、友善，还有敬重、拥护、爱戴，以及企业的良性运转和大发展。

从管理学的角度来看，用情来感染员工，将员工的心凝聚在一起，会培养起员工对组织、对领导者的感情。员工和领导者不再仅仅只是被雇用和雇用的关系，而是更和谐、更有生命力的“朋友关系”。

领导者如何做才算是把员工当作自己的朋友、亲人了呢？把员工当朋友，领导者首先要把自己从领导者的高位上放下来，放低姿态，不要颐指气使，不要盛气凌人，以平等的身份去和员工说话、交流，多增加与员工乐趣的分享和价值观的趋同，只有做到放下领导者的“光环”，才会让员工从原先对领导者的惯有认识中解脱出来，继而开始像对待朋友一样接纳老板。

把员工当朋友、亲人，领导者还要努力营造一种良好的工作氛围。这有利于员工愉悦工作，忘记单调和疲劳；有利员工于对领导者和企业产生认同感和归属感，改善彼此关系。

把员工当朋友、家人，要表现出对员工的真正关心，真正的朋友会对对方真诚、友善以及为对方着想。领导者要经常以朋友、家人的身份询问员工工作和生活中有无困难，并虚心聆听员工对公司和自己的意见和建议，有则改之，无则加勉。

当知晓员工的实际困难时，领导者要尽己所能给予其帮助，努力给予其人性化的关怀，帮助员工克服困难、渡过难关。此外，还要做好对员工的保护工作，避免员工受到伤害。

英国克拉克公司是一家为客户修理草坪的小公司，但这并不妨碍它是一家“爱”的公司。公司创始人克拉克秉持“员工第一，客户第二，这样做，一切都会顺利”的经营理念经营公司。公司如一个和谐的大家庭，员工被视为公司里最重要的人，领导对待员工就像对待家人一样，称员工为“草坪养护专家”。

克拉克真正关爱员工，他想斥巨资购买一个废船坞，将其改建成公司员工的免费度假村，但遭到了员工们的反对。后来他又要在一片沙滩上修建员工度假村，但是也是由于员工们的反对而未实行。

最后，他瞒着众人买下一艘豪华游艇，给公司员工度假用，又包租了一架大型客机，让员工去国外旅游。在克拉克眼里，员工开心，他才会真正开心。

俗话说“人敬我一尺，我敬人一丈”，投桃报李是为人处世的重要准则之一，领导者把员工当朋友、当家人，真诚对待，员工自然也会真诚对待老板，支持老板，拥戴老板，努力工作。

领导力箴言

◎英明的领导者从来不把自己企业的员工当作自己的下属，而是当作朋友，像对待朋友一样对待自己的下属。

◎领导者要经常以朋友、家人的身份询问员工工作和生活中有无困难，并虚心聆听员工对公司和自己的意见和建议，有则改之，无则加勉。

◎领导者把员工当朋友，真诚对待，员工自然也会真诚对待老板，支持老板，拥戴老板，努力工作。

杰丝·蕾尔

我们大部分人，只是敏于躲避他人的冷言冷语，而自己却吝于将赞美的阳光给予他人。

4. 必要时，要向下属表达感激之情

一位国有企业的领导者为人随和，办事讲究方法，在他任职期间，有些下属喜欢他，有些下属不喜欢他。但无论是喜欢他的还是不喜欢他的，对他有一个认识却是相同的，那就是他们都认为这位领导从不说感谢的话。无论下属做出了多大的成绩，他都不会说肯定、感激之类的话，这让下属们感觉他缺乏激情和活力，同时也感受到了与他的距离，久而久之，很多下属自觉疏远了他。

可以说这位领导者的领导策略是失败的，要知道，下属是领导开展工作的基础，如果不懂得肯定下属的成绩，不懂得感激下属的付出，肯定会失去下属的信任和支持，更不可能会赢得下属心甘情愿的追随。

对下属表示感激之情是领导者“取悦”下属的一种重要方式，也是换取下属拥护和忠心的重要方法。这样的行为，往往会让下属感到领导者对自己为组织的付出看在眼里，记在心中，由此感受到心灵上的温暖，进而心甘情愿尽己所能，充分发挥自己的潜能，为组织打拼，正所谓“士为知己者死”。

纵观古今，精明的领导者莫不知道适时感激下属，以换取下属的忠心和拥护。

周泰是东吴的一员猛将，素得孙权的信任和赏识。一次，孙权和手下被一伙胆大包天的山贼包围起来。孙权指挥士兵左突右攻，想突围出去，均受阻。山贼人数众多，且俱不怕死。孙权不禁担忧起来。这个时候，周泰却毫无惧色，他身先士卒带领士兵攻向山贼。

一时间，双方你来我往，鏖战不休。周泰身上多处受伤，流血不止，但是毫无惧意，瞪圆双眼，奋勇拼杀。山贼们被神勇的周泰吓破了胆，无人再敢与之交手，让开了一条路，就这样周泰保护着孙权冲出重围。

杀出重围，到达安全地域后，周泰再也坚持不住，摔下马来，昏迷过去。众人急忙施救，才使周泰苏醒过来。

周泰的英勇令孙权非常感动，于是回到府邸后，他召集群臣，给周泰开了一场“庆功宴”。宴会上，孙权高举酒杯，说道：“这一次多亏周泰将军，我们才转危为安。他身上的伤疤就是他战功的标志，让我们按他身上的伤疤为他敬酒吧！”

孙权命令周泰解开衣服，露出全身伤疤，并让他数数共有多少处伤疤。每数一处，孙权就带领群臣敬周泰一杯酒，数完后，众人已经喝下十几杯酒。此时，周泰已经被感动得泣不成声，他下定决心，从此以后要更加努力为东吴效力，为君主尽忠。

孙权此举可谓一箭双雕，一方面令周泰感激自己的厚待，从此对自己会更加忠心，另一方面又在群臣面前树立了一个敬重功臣、爱戴忠臣的贤明君主的好形象，一定会凝聚人心，形成合力，有利于自己的统治。

总而言之，当下属做出成绩时，作为领导者一定要及时予以肯定和表扬。必要时，向其真诚表达自己的感激之情，以感动下属，赢得忠心和追随。

在表扬、感激下属的付出时，不要掺杂批评，不要出现“……不过……”的句式。掺杂批评的表扬、感激，只会让下属记住批评，反而打击了下属的热情和信心。

在表扬和感激下属时，不要吞吞吐吐，显得顾虑重重，要大大方方、干脆爽快，这样才会给下属留下好印象，也才能有好的效果。一定不要让下属以为你的赞扬和感激很勉强，那样只会适得其反。

在形式上，可根据实际情况采取公开和私下两种方式进行表扬或感激。公开的方式，要注意将重点放在功绩上，而不要放在受奖者本人身上，这样可避免表扬一个人打击其他人的弊端。

私下里的表扬和感激，可以将重点放在受奖者本人身上，多传达对他个人的赞许和信任，表达出组织对个人成长的认可和希望进一步提高的期许。这个时候，领导者可不吝赞美、感激之辞，让下属感受到来自领导真心实意地赞赏和感激。

也可以先私下表扬和感激，然后再进行公开的表彰，双管齐下，更能让立功的下属感受到来自组织和领导的真情厚意，从而更加珍惜这份荣耀，也更加尽心竭力为组织和领导贡献力量。

领导力箴言

◎对下属表示感激之情是领导者“取悦”下属的一种重要方式，也是换取下属拥护和忠心的重要方法。

◎当下属做出成绩时，作为领导者一定要及时予以肯定和表扬，必要时，向其真诚表达自己的感激之情，以感动下属，赢得忠心和追随。

◎私下里的表扬和感激，可以将重点放在受奖者本人身上，多传达对他的赞许和信任，表达出组织对个人成长的认可和希望进一步提高的期许。

阿法那亚耶夫

领导者和被领导者的关系越合乎人情，这种关系就越融洽，越亲密无间，管理也就越高效。

5. 必要时，要向下属伸出援助之手

谁都可能有落魄的时候，有需要他人帮助的时候，这个时候，如果向对方伸出援助之手予以真诚帮助，则会让对方感激不尽。正所谓锦上添花不如雪中送炭，患难之助最打动人心。

早上，销售经理正在处理事务，忽然公司董事长闯了进来，指着一个正在伏案工作的员工喊道："你交上去的是什么报表？你是不是不想在这儿干了？"

那名员工吓得脸刷白，销售经理见状，急忙对董事长说道："董事长，别怪他，是我让他这么写的，有什么责任我来担。"说完，将董事长拉到一边说话。

说来也怪，原先那个办事马虎大意、拖沓成性的员工很快就一改之前的毛病，办事变得仔细认真、麻利干脆，其变化之大令所有人都大吃一惊。他经常对人说是经理给了他一次留在这个公司工作的机会，他不能辜负这次弥足珍贵的机会。

事情并不大，但是却换来了当事人的无比珍惜，并可能会由此改变了

他的一生，这正是小事情、大效应。

一个客户向某企业领导者投诉：“你的某某下属不懂得礼数，还欠缺责任感！”这位企业领导者马上回应：“真是对不住，他可能是无心之失，他平时不是这样的，我想这里面肯定也有我的责任，我愿意承担，请多多包涵！”

这样一说，那位投诉的客户不好意思再说什么了，此事也就到此为止。事后，领导者再找那位遭投诉的下属了解情况。

明学者罗洪先在《醒世歌》中写道：“人情相见不如初，多少贤良在困途。锦上添花天下有，雪中送炭世间无。时来易得金千两，运去难赊酒一壶。”从此段话中，可见比锦上添花珍贵，更能温暖人心。

通常情况下，人们以为得到的东西越多自己会越高兴，实际上却不是如此，某心理学家曾做过这样一个试验：

他找到一个窘迫得连双像样的鞋都没有的乞丐。秋天就要过去，冬天马上就要来临，乞丐急需一双好鞋度过寒冷的冬天。心理学家给了乞丐一双鞋，并让乞丐给这双鞋子打分。乞丐急需一双鞋保暖，尽管这双鞋很一般，他还是立即给这双鞋打了满分。

在心理学家的安排下，陆续有人给乞丐送来了一双双鞋，同时要求乞丐给这些鞋打分。心理学家发现，乞丐给这些鞋打的分数越来越低，尽管那些鞋是很好的。

这个试验告诉我们，人们对物品价值的认识不是来源于物品本身，而是来源于人们的需求。当人们的满足感削弱以后，物品的效用就会降低。锦上添花固然是好上加好，但是有它无它关系不大时，它的效用自然也就降低了。比如，贝克汉姆家中的超大车库停了好几辆超豪华跑车。这些超豪华跑车对于普通人来说是极度奢华的，也是爱车一族的至爱。但是对于贝克汉姆来说，这些超豪华跑车只是他众多“坐骑”的一部分，并未给他带来多大的刺激。

但是雪中送炭就不一样了，雪中送炭往往是当时境况窘迫时的必需品，是度过危难时的法宝，因此十分珍贵，比如上文中，那个乞丐得到的第一双鞋。

没有锦上添花，依旧灿烂，但是没有雪中送炭，可能会就此止步。正因为如此，人们对于雪中送炭要比锦上添花看得更重。

作为领导者，要关爱下属，留心下属的工作和生活情况，当发现下属不幸处于危难时，一定要尽己所能及时给予援助，以帮助下属走出困境。

注意在雪中送炭时，一定要查实情况，给予正确的援助。为了给予下属及时正确的援助，领导者需要做到下面3点：

（1）随时了解情况，及时给予援助

领导者要时常找机会与下属谈心，询问他们工作或生活中有无实际困难，以及有无解决困难的办法。对那些工作能力差和生活较为困难的下属更要经常与之交流沟通，以便随时了解情况，及时给予援助。

（2）真心诚意伸出援助之手

真心诚意才能打动人，虚情假意只会招来反感和怨恨。领导者不要抱着“利用”的目的虚情假意帮助下属，那样即使下属接受了，也不会产生感激和回报的心理，反而可能会产生怨恨心理。因此，一定要真心实意地帮助下属，确实是站在下属的角度为下属排忧解难。

（3）帮助要量力而行

领导者不是无所不能者，凡事要量力而行。帮助下属也是如此，要在力所能及的范围内给予帮助，而不要不切实际开些无法实现的空头支票。对于困难较大的员工的帮助，要尽量发动集体帮助，必要时可以求助于社会，借助更广大群体来实现帮助的目的。

同时，领导者还要注意处理好轻重缓急的关系，要依据困难的程度给予不同的帮助和关照，不能不分情况搞平均主义。

需要注意的是，这里的帮助和关爱既包括物质上的救助，也包括精神上的支持、安慰等。物质上的援助可以帮助物质匮乏之人渡过难关，而精神上的支持、安慰则可以帮助对方分担痛苦、减轻精神负担、重整前进的勇气。

在危难时伸出援助之手，帮助下属解决困难，是赢取下属忠心、调动下属工作积极性的重要方法。情况往往是，领导者的善良之举，不仅让受到帮助和关爱的人感激不尽，从此立下效忠之心，而且，还会感动其他的员工，形成团体凝聚力。

领导力箴言

◎领导者要关爱下属，留心下属的工作和生活情况，当发现下属不幸处于危难时，一定要尽己所能及时给予援助，帮助下属走出困境。

◎在帮助下属方面，领导者要量力而行，要在力所能及的范围内给予帮助，而不要不切实际开些无法实现的空头支票。

◎领导者要注意处理好轻重缓急的关系，要依据困难的程度给予不同的帮助和关照，不能不分情况搞平均主义。

藤田田

感情投资是在所有投资中，花费最小，回报率最高的投资。

6. 转角遇到爱：不要忽略细微处的关爱

关爱不分大小，很多时候，那些惊人的波澜正是由那些细微处的关爱引发的。一句发自肺腑的嘘寒问暖，极可能温暖了一颗心，并带来肝脑涂地的效忠。所以，领导者要从细节入手，在日常管理中，给予下属最细致入微的真心关爱，以换取下属的感恩和回报。若处理得当，则必然会达到“润物细无声”“四两拨千斤”的神奇效果。

领导者通过细节传递关爱需要讲究时机和一定的技巧，方能达到上述的神奇效果。下面介绍的几种方式经诸多事实证明是行之有效的，可酌情采用。

（1）提供安全第一的工作环境

提供安全的工作环境体现出领导者对员工的尊重和关心。因此，当工作效率与安全问题发生冲突的时候，要坚持安全第一的指导思想，首要保证员工工作环境的安全性。同时，在此基础上，还要尽量提高员工工作环境的舒适度。办公地点的选择、办公环境的布置、专用车位的设置等都应在考虑范围之内。

（2）认真记住员工的名字

每个人对自己的名字都有一种特殊的感觉，如果领导能够认真地记住每一位员工的名字，并在过后再见面的时候能毫不费力地叫出来，可以让员工深受感动，甚至会受宠若惊，进而体会到领导的良苦用心，增加对领导的好感。

（3）关心员工的家庭状况

家庭是人一生中重要的组成部分，而且家庭往往还要影响到工作，因此，作为领导者，一定不要忘记关心员工的家庭状况。

实际上，领导者对员工家庭的关心往往要比关心员工本人更能“俘获”员工的心。因此，聪明的领导者都不会放过关心员工家庭的机会。他们在员工的家属生病住院时，亲自或者派人去探望；员工的子女考入名校时，他们到场祝贺；员工结婚时，更是不忘记送去祝福和红包；在员工家庭陷入经济危机时，给予财力上的支持……领导者的这些行为会令员工终生难忘。

（4）给予某些人特殊对待

这种方式会让对方感觉待他与众不同。尽管可能更多的时候并没有较大的实质性的改变，只是感觉上的不同而已，但这也足以让他兴奋不已，进而会自觉或不自觉地将自己列为领导的亲信。比如，一个领导想“拉拢”一位下属，就偷偷地对他说：“明天下午，跟我去拜访一位非常重要的客户。”

（5）向其泄露一些秘密

秘密通常为少数人所掌控，所以很多人在好奇心的驱使下，都喜欢探听秘密。而员工特别喜欢探听关于企业或者领导的一些秘密，如果适时地向员工泄露一些关于企业或者领导的小秘密，当然这些小秘密要于人于己都没有任何不利的地方，那么员工马上就会觉得你信任他，把他当作自己人，从而对你更加忠诚。

（6）在节日和员工生日有所表示

在节日和员工生日时有所表示，一方面可以传递出领导者对员工的关怀，另一方面还可以营造出一种人性管理的温馨工作氛围。这实在是高明之举，能够体现出卓越的领导艺术。具体来说，如在春节发红包、中秋节发月饼、妇女节给女性职工发小礼物等。

员工过生日一干亲朋祝贺时，领导者如果可以“恰逢其时”，参与其中成为其中的一员，会给员工意外的惊喜，并留下深刻印象，有利于增进其对企业和领导的好感。

（7）生病住院时亲自探望

人在危难时给予对方关心和帮助最容易赢得对方的感激。如一位普通员工生病住院，领导亲自前往家中或者医院进行探望慰问，会令员工感激不尽，甚至会“临表涕零”。病好出院后，工作自然会更加卖力，以报答关怀之恩。正应了那句“人最经不起感动”的俗话。

如果领导者真能做到通过细节、小事上对下属真心关爱，急人所急，想人所想，处处关心，及时帮助，那么必然会感动下属，让下属乐意付出，并心甘情愿追随。

为了做到真正将下属放到心上，关爱下属，领导者平时要注意收集下属的一些个人资料，然后熟记于心。同时，要根据下属的一些日常行为表现及时察觉下属当下的心理状况，以便在下属需要帮助时，能及时伸出援助之手。

领导力箴言

◎领导者要从细节入手，在日常管理中，给予下属最细致入微的真心关爱。

◎聪明的领导者都不会放过关心员工家庭的机会，他们在员工的家属生病住院时，亲自或者派人去探望。

◎为了做到真正将下属放到心上，关爱下属，领导者平时要注意收集下属的个人资料，然后熟记于心，以便在下属需要帮助时，及时伸出援助之手。

池田大作

工作上的信用是最好的财产。没有信用积累的青年，非成为失败者不可。

7. 做到互信，领导要先有所表示

为了让下属充分发挥出主观能动性和创造力，领导者和下属要互相信任。做到互信，关键在领导者身上。首先，领导者要给予下属充分的信任，这样才有可能换回下属对自己的信任。领导不应该等待下属信赖自己后，再去信赖下属，这样会陷于被动状态。所以领导要率先采取行动，对下属以诚相待，主动向下属表示信赖。

给予下属信任，能让下属产生一种快乐和满足的感觉，并会进而激发下属的工作激情和创造潜力。因此，领导者要以诚心给予下属真诚的信任，以此来打动下属，获得互信。

对于员工来说，信任是一种非常有效的激励手段。可以试想一下，如果一个企业里，员工连起码的信任都没有获取，又如何能产生主人翁的意识？更别说能鼓起工作的热情和激发出工作潜力。

进一步说，领导者的信任也是爱护、支持下属的行为体现。正所谓“木秀于林，风必摧之”，在下属遭受非议、蒙受无端指责时，来自领导者的信任就是对无助下属最为有力的支持和爱护，犹如一道滋润心灵的鸡汤。

在用人方面，领导要秉持“用人不疑，疑人不用”的原则，对下属的工作热情、工作能力和责任感予以充分的信任，借以激发下属更高涨的热情和创造力。这种信赖，可以体现在将那些难度大的工作交由下属去完成，也可以体现在能够将下属提拔到关键性的工作岗位上，让他们发挥更大的人才效能。

当然，领导的信赖也不应该是空穴来风，而应建立在一定事实基础上，盲目的信赖极有可能会误事。因此，在授权下属做某事前，领导者要尽可能了解下属有何长处，有何短处，然后用其所长，避其所短。

如果出现什么不清楚的事情时，在没有确凿证据之前，不要妄加揣测其跟下属有关，更不要背地里议论下属的短处，应该当面问清情况。如果发现下属有了错误或过失，要当面指出，而不要私下里说怨言。

也许，领导的无数次的信任会换来下属的“欺骗”，但是，这种“欺骗”应该不会多，与可以和绝大多数下属达成互信相比，这点代价是无足轻重的，也是非常值得的。

下属在与领导接触时往往具有以下共同的心理特征：希望领导认可自己的付出，肯定自己的工作成绩；在研究问题时想尽量与领导保持一致；工作中的错误和过失不希望领导知道，想自己偷偷解决；追求与领导在人格上平等，渴望被领导尊重和信任；希望能够参与到某些决策中去，让自己的智慧得以体现；渴望领导理解自己的工作，并得到有力支持；在遭遇挫折时，希望领导能站出来与自己共同承担……

对于下属的这些心理意愿，作为领导者，一定要予以理解，并尽量予以满足，只有这样，领导和下属之间才能进行有益的感情传递，下属也才会相信领导对自己是尊重和信赖的。

反之，如果领导对下属的这些心理需求，视而不见，漠然对之，则很难建立起上下级和谐的感情纽带，下属会对领导失望，对企业失望，信任自然也就无从谈起。

总之，领导者要站在下属的角度，在了解下属基本情况的基础上，充分相信下属的做事动机、工作能力、工作热情以及处理突发事情的能力，以此换来下属的尊重和信赖。

领导力箴言

◎领导者要给予下属充分的信任，这样才有可能换来下属对自己的信任。

◎在下属遭受非议、蒙受无端指责时，领导者要给予下属以真诚的信任和最有力的支持。

◎领导者要站在下属的角度，在了解下属基本情况的基础上，充分相信下属的做事动机、工作能力、工作热情以及处理突发事情的能力。

泰戈尔

当我们全力以赴往前跑的时候，我们的眼睛不断地注视着前面，两边什么也看不见。

8. 让员工参与决策，增强其主人翁意识

麦克莱兰教授经过大量深入研究发现：从根本上影响个人绩效的并非人们通常所认为的智商、技能或经验，而是诸如“成就动机”“人际理解”“团队影响力”等一些可被称为资质的东西。

在此研究成果的基础上，麦克莱兰教授总结出麦克莱兰定律，即成就需要理论：成就的需要是权力的需要、归属的需要等需要中的一个重要的需要。

麦克莱兰定律在管理中的重要应用是：必要的时候，为自己的员工贴上一个权力的标签，可以极大地提升他们的工作热情与主人翁意识，而且许多时候，它所产生的效果是其他激励方式所不及的。

这个应用告诉企业的领导者，在领导员工努力发展壮大企业的过程中，要摒弃一种公司是“我”的狭隘观念，树立公司是“大家的”大局观意识，让广大员工参与到公司的决策和管理中去，这样就会增强企业的凝聚力和吸引力，使企业获得更多、更大的帮助，从而提高企业的发展速度。

百安居是国际知名的大型装饰装修建材零售商，该公司实行一种制

度：每个部门每个月都会召开一次“草根会议”。会上，任何一个员工都可以畅所欲言，有什么意见尽管大胆提出来，而不必有什么顾虑。

不要以为“草根会议”只有普通员工参加，公司的高层领导也都要参与会议，而且领导们要认真听取员工的意见和建议，然后综合进行研究讨论，最后通过的意见和建议，相关部门要以此制订出相应的规章制度，并且要严格执行。

实际上，这践行的就是让员工参与管理和决策的管理思想，事实证明，百安居实行的这种让员工参与进来的现代制度，取得了很大的成效，极大地促进了企业的发展速度。

让员工参与管理，参与决策，体现了组织对员工的肯定和信任，在员工看来，这是一种责任和使命。在这种责任和使命的感召下，员工就会更容易对组织和领导者产生感情，这种感情会化为一种无穷的动力，促使其更加努力工作，愿意贡献自己的力量。

实行民主决策，会让员工感受到民主化的管理氛围，增强其主人翁意识。同时，通过参与决策，员工会认识到组织每一个决策的背景情况、形成过程、风险控制等，这样就会对全局有一个整体性认识，更有利于自己特长的发挥，为企业的发展贡献自己的力量。

对领导者而言，要想使员工能够全身心投入到对企业的管理和决策中去，就要有“以人为本”的管理思想，实施人性化管理，让员工参与到对企业的管理中去，实现员工当企业主人的梦想，并高度尊重员工的主人翁地位。

在此基础上，要保证员工参与企业管理渠道的畅通，不要人为设置障碍，阻碍员工参与管理和决策之路。同时，要努力促进员工之间的团结和谐，共同为企业的发展献言献策、贡献力量。

要充分利用激励机制，激发员工的工作积极性和创造性，形成奖励先进、鞭策后进的管理态势。要创造条件让员工尽职尽责地履行职责，同时尽可能地担当起应承担的责任，保证能让每个员工都能全身心投入到工作中去。

领导者还要努力为广大员工搭建起可以让其充分发挥能力的舞台，正所谓海阔任鱼跃，激发出员工的巨大潜力。

企业要发展长久，自然离不开目标的指引，同时，员工个人也都有自己的个人目标。作为领导者，要不断强化企业和个人的目标，并使两者高度统一起来，加强员工对组织价值观、目标的认同，进而在情感上把自己看成是组织中的一员。

总之，让员工参与企业管理和决策，会增强员工对企业的认同感和归属感，会让员工把自己当成真正可以决定企业未来的主人，这样无疑会促使其更加忠心，更加卖命地工作。

领导力箴言

◎在领导员工努力发展壮大企业的过程中，领导者要摒弃一种公司是“我”的狭隘观念，而树立公司是“大家的”大局观意识。

◎领导者要保证员工参与企业管理渠道的畅通，不要人为设置障碍，阻碍员工参与管理和决策之路。

◎领导者要不断强化企业和个人的目标，并使两者高度统一起来，加强员工对组织价值观、目标的认同。

第八章

做制造梦想的领导者——帮助员工实现梦想而努力

不是只有领导才有梦想，才有追求，员工也有自己的梦想，自己的人生追求。作为领导者，应该把企业当成自己和员工追求梦想、实现梦想的地方，努力帮助员工实现他的梦想。绝大多数情况下，员工的梦想与企业的目标密切相关，因此，领导努力帮助员工实现梦想，实际上也是在间接实现自己的梦想。

另外，领导者帮助员工实现梦想还可以让员工对企业有一种归属感，从而激发出员工高涨的工作积极性和主动性，有利于企业发展。

戴尔·卡耐基

企图心是将愿望转化为坚定信念与明确目标的熔炉，它将集中你所有的力量和资源，带领你到达成功的彼岸。

11. 希望的批发商，做一个善于规划梦想的领导

下面是一则法国民间故事：

3个刚参加完战斗的士兵疲惫不堪地行走在返家途中。饥饿令他们眼睛昏花、脚步踉跄。他们相互搀扶着往前走。他们穿过一个村子，村子很大，却很破败，到处可见残墙断壁、废弃的水井。洪水和战争是造成这一衰败现象的罪魁祸首。

村里还生活着一部分村民。战争让他们知道了粮食的金贵，所以一看到有陌生人进村，他们就早早把能吃的东西都藏了起来，而且还装出一副饿坏的样子来。

士兵知道如果再没有什么东西吃，他们就会倒下。一个士兵想出一个办法，他告诉村民，他可以用石头煮出一锅鲜美的汤。村民们不信，这个士兵再三强调他能做到这一点。村民们的好奇心被勾了起来，给士兵搬来了一口大锅和一些木材。

3个士兵开始用3块圆石头煮汤。一个士兵边搅动石头边说："如果填入胡椒粉和盐，石头汤会更好喝。"于是，一个村民拿来胡椒粉和盐，并将

它们丢进锅里。

士兵尝了尝味道，又说："凭我的经验，如果再加入胡萝卜，汤会更美味。"好奇的村民又拿来胡萝卜切碎丢进锅里。"要是再放进一些洋葱，味道将会无比鲜美！"村民又拿来了洋葱丢进锅里。

之后，应士兵的要求，村民们又陆续拿来了蘑菇、木耳、芋头、紫菜、大蒜、百合等食材。在众人期盼中，一锅神奇的石头汤终于煮好了。村民一拥而上，争先恐后地品尝他们从未吃过的石头汤。

果然，石头汤很美味，村民们从来没有喝过这样美味的汤，特别是有着这么奇怪名字的汤。

这个故事意味丰富，不同的人对此有不同的解读。从领导的角度来看，领导者要善于在一无所有的情况下，创造机会，制造梦想，给自己和下属以希望，才能在将来有所收获。

梦想虽然属于未来，不可触摸，但是只有善于制造梦想，才能在现实世界中树立起努力的方向，进而朝着这个方向努力前进，一步步将梦想变成现实。

拿破仑曾说，领导者无非是希望的批发商。华伦·本尼斯说，领导就是创造并实现梦想。确实，作为组织的领头羊，领导理应是希望所在、制造梦想的人。如果领导都没有梦想，都没有远大的抱负，整天浑浑噩噩，组织怎么能有希望，怎么能有未来？

世界500强企业沃尔玛超市内部流行一种做法，那就是无论是普通员工上班还是企业高管开会，在开始之前都要做体操和进行欢呼，欢呼的内容是告诉自己就是第一。这是沃尔玛给员工"造梦"的第一招，目的是为了激发出员工的工作热情和工作活力，让员工努力做到最好。

沃尔玛给员工"造梦"的第二招，是给员工提供十分清晰的效仿榜样。这些效仿榜样是一些有着非常广的知名度的人物，他们往往是公司的高层领导。沃尔玛规定任何一名普通员工都可以与领导直接进行交流，以便近距离去效仿榜样。这样可以有效激发员工积极工作，让员工对自己和组织的未来充满希望。

沃尔玛给员工“造梦”的第三招，是对每位员工进行积极的心理暗示，让员工感受到尊重与爱护。其目的是让每位员工都感知到组织对自己的关爱，以此来增强员工对组织的感情和对自己的自豪感，最终这种情感会化为动力，促进其更加努力工作。

正是靠着成功给员工“造梦”，沃尔玛让每位员工都能够激情高涨地工作，都乐意为公司全心全意付出。

要注意的是，领导者要善于编织一个能够给人以希望、可以鼓舞人斗志的梦想，可望又可及的梦想才能给人以实现的希望，才能激发出人的积极性和发展潜力，而好高骛远、不切实际的梦想只会让人打退堂鼓，丧失进取的信心。

为了训练孩子们双脚协调向上的弹跳能力，幼儿园的老师们在一条上悬的绳子上挂了一些漂亮的蝴蝶玩具，让孩子双脚跳起来去抓。刚开始，孩子们被五颜六色的玩具吸引，争先恐后地跳起来去抓。一次没有抓到，第二次跳起来又去抓，又没有抓到，又第三次跳起来，可是又没有抓到，几次尝试以后，孩子们失去了信心，停止了努力，不再理会那些悬在空中的蝴蝶玩具，而是跑去玩别的玩具了。

此时，老师们领悟到，蝴蝶玩具悬得太高了，孩子们尝试后知道即使再努力去跳，也不会抓到，所以对这个游戏失去了信心。

在进攻意大利之前，拿破仑这样鼓舞士兵：“我将带领大家到世界上最美的平原去，那里有名誉、光荣、富贵在等着大家。”意大利就在眼前，拿破仑以既可望又可及的梦想来鼓舞士兵。

对员工而言，如果其觉得领导者给他们描绘的蓝图可以达到，就会留下来努力工作，相反，如果认为领导者给他们描绘的梦想无法企及，他们就会丧失信心，打退堂鼓。因此，企业的梦想不可过于高远。

梦想过高不适宜，但过低也不适宜。因为过低的梦想激发不出人的参与热情和工作积极性，同样不利于梦想的实现。

正是通过一个又一个可望又可及的梦想，领导者吸引了很多人聚集在自己周围，追随自己，继而又鼓舞、激发他们不断努力，去实现一个又一个伟大的梦想。

领导力箴言

◎领导者要善于在一无所有的情况下，创造机会，制造梦想，给自己和下属以希望。

◎作为组织的领头羊，领导者理应是希望所在、制造梦想的人。

◎领导者要善于编织一个能够给人以希望、可以鼓舞人斗志的梦想，借以激发出下属的积极性和发展潜力。

爱因斯坦

在一个崇高的目标支持下，不停地工作，即使慢，也一定会获得成功。

2. 高起点起步，鼓励和帮助员工制定高目标

目标具有指引方向和鼓励追求的作用。通常情况下，高目标成就高追求者。

管理大师德鲁克的《管理实践》中记载这样一个故事：

一个人路过一个建筑工地，见有三个石匠正在干活。他好奇心上来了，就问他们在干什么。

第一个石匠回答道："我在砌墙，混口饭吃。"

第二个石匠一边干活一边说："我正在做世界上最出色石匠的工作。"

第三个石匠眼中带着希熠的光彩："我正在建造一座最伟大的教堂。"

多年以后，这个人设法打听到那三个石匠后来的经历：第一个石匠因手艺毫无长进，被老板炒了鱿鱼；第二个石匠由于还算兢兢业业，手艺也还过得去，勉强保住了饭碗；而第三个石匠成了一名出色的设计师。

这三个石匠的回答反映出了三种不同的追求：第一个石匠目光短浅，只追求养家糊口，混口饭吃；第二个石匠目标高一些，但也只是追求成为

最好石匠；而第三个石匠目标最为高远，他眼中不只是眼前的一砖一瓦，而是整座建筑物。

目标的迥异决定了他们结局的巨大差别。美国行为学家J.吉格勒据此现象总结出吉格勒定律，内容是：设定一个高目标就等于达到了目标的一部分。这个定律告诉我们，气魄大方可有大的成就。它也告诉我们，一个人不管有多么超群的能力，如果没有一个高目标的指引和导向，则极有可能无所建树。

开始时心中就怀有一个高的目标，意味着从一开始你就知道自己的目的地在哪里，以及自己现在在哪里。更为重要的是，知道这些后，才能调整好状态和步伐，逐渐形成一种良好的工作方法，养成一种理性的判断法则和工作习惯，然后从容不迫地向目标迈进。

诸葛亮言“志当存高远”，说一个人要想取得较大的成就，就一定要有一个远大的志向，订立一个远大的目标，然后再在其所定的远大目标的指引下努力拼搏，取得成功。

由于在眼界以及客观条件等诸多方面的限制，员工不一定能制定出适合自己的远大目标。作为组织的领导者，要帮助员工制定一个适合对方的远大目标，并鼓励员工通过努力奋斗去实现它。

帮助员工制定适合的高目标，领导者首先要对行业全局的现状和发展趋势有比较清醒的认识，能够较为准确地制定出组织战略发展目标。其次，领导者还要对员工有比较清楚的了解，最为重要的是要知道员工达到目标的意愿和能力。最后，在制定员工高目标时，还要使个人小目标遵从组织的大目标，这样制定出来的目标才能适合实际。

领导者也可以启发或激励员工自我设定高目标，由于最了解自己的人是自己，所以自我设定的高目标也可能是最适合自己的。

通常情况下，可通过以下几个步骤完成自我高目标的制定：

（1）设定目标

即把想要达成的目标清楚明确地罗列出来。

（2）制定期限

即给每个大小目标设定一个完成的时间。

（3）风险评估

即对所制定的目标进行风险评估，包括制定的目标是否合理？自己有没有能力完成计划、达成目标？自己和目标之间有无障碍，其最大的障碍是什么？以及采取什么措施克服障碍，等等。对这些疑问，领导者要给予热心真诚的指导和帮助。

（4）明确需要的资源

在达成目标的过程中，自己需要哪些人、哪些部门、哪些资源的帮助和支持。对这些疑问，领导者也要予以积极的配合和帮助。

（5）优劣势分析

在向目标迈进时，分析自己有哪些优势，有哪些劣势，自己还需要学习和掌握哪些知识和技能，等等。

（6）开始行动

在完成上述几个步骤后，再最后审核一下，如没有问题，就根据自己的计划开始行动。

领导者要鼓励和帮助员工制定高目标，并激励员工去执行，给予员工实现目标所需的人力、物力以及财力方面的支持。同时，要及时掌握目标的进展境况，在发现员工在达成目标的过程中遇到困难时，及时予以援助。

领导力箴言

◎领导者要帮助员工制定一个适合对方的远大目标，并鼓励员工通过努力奋斗去实现它。

◎领导者要鼓励和帮助员工制定高目标，并激励员工去执行，给予员工实现目标所需的人力、物力以及财力方面的支持。

◎领导者要及时掌握员工目标的进展境况，在发现达成目标的过程中遇到困难，及时予以援助。

松下幸之助

真正激励人们百分百投入的动力，不是金钱等组织提供的外部条件，使人们忘记痛苦不断前行的，是其内在的组织信仰。

3. 缺一不可，将个人梦想融进企业愿景中

愿景可以简单解释为希望看见的景色。在企业界，企业愿景是所有组织成员永远为之奋斗并希望达到的图景，是组织的一种意愿表达，概括了企业未来的目标、使命以及核心价值。

对于领导者来讲，愿景已经成为他们所必需的一种职业期许、一种感召力。若领导者具备并树立了自己的“愿景”，可有助于员工更好地得到发展的设想与空间，让员工对公司更有认同和归属感，对领导更加信赖。从而调动起员工更大的工作激情，使其更加努力地工作。

社会心理学家马斯洛曾对杰出团队进行过精心研究，他发现这些杰出团队有一个很显著的特征是拥有共同的愿景与目标。他还进一步发现在那些特别杰出的团队中，个人的目标与团队的愿景已经无法分开了。为此，他说：“每一个自我实现的人都献身于某一事业、号召、使命和他们所热爱的工作。”

首先，我们可以从中获得这样一个启示：企业要想获得长久发展，一定需要有自己的愿景。因为共同愿景的驱动力有时候是非常强大的，比如，在几乎所有的小型电脑企业都投向IBM个人电脑阵营之际，苹果电脑

公司却坚持自己的愿景不动摇，即设计出更适合人们操作的电脑。正是有了自己的愿景并坚持不动摇，才有了后来闻名全球的苹果电脑。

实际上，任何一家知名公司、大企业都有自己的共同愿景。如麦当劳把控制全球食品服务业当成自己的愿景；通用电气把让世界更光明当作自己的愿景；迪斯尼把成为全球超级娱乐公司当愿景；华为把丰富人们的沟通和生活当作自己的愿景；等等。

其次，我们还可以从中获得另一个很重要的启示：要将个人目标与企业的愿景结合起来，将个人目标的实现融进企业愿景的达成中。正如马斯洛所说，个人愿景与团队的愿景是无法分开的。个人要想实现自己的梦想，只有借助于企业意愿的达成，换一句话说，只有企业愿景达成了，个人梦想才有可能得以实现，否则很难达成。

个人愿景是员工个人的职业生涯规划，是员工在企业内部追求的薪资、地位、技能的综合体，是员工的主观愿望。

由于共同意愿是由个人意愿汇聚而成，也就是说，企业意愿的达成也需要通过组织成员的努力而实现，如果组织成员不努力工作，企业意愿是根本无法达成的。如果企业愿景仅仅是领导者自己的愿景，与广大员工的个人梦想无关，那么企业愿景将不具备凝聚力，领导者也不会赢得员工心甘情愿的追随。因此，一定要将个人梦想和企业愿景结合起来。两者结合的起点就是将个人梦想融进企业的共同意愿中去。

为此，领导者在重视企业和团队目标如何实现的同时，亦要关注团队成员个人的目标。要重视团队成员的内在要求，尊重和利用每个人的个性差异，努力实现组织目标和个人目标的和谐融合。这样才能有效增强团队的生命力和战斗力，顺利达成组织目标。

3M公司是世界500强企业，它在实现企业愿景的过程中，就很好地将员工个人梦想的实现融进共同愿景中去。比如，公司领导者允许公司员工做自己产品的操盘手，公司会提供研究经费，安排研究时间，也允许失败。

正是这种将企业意愿与个人梦想结合的策略，让3M公司在100多年的历史中开发了6万多种高品质产品。新产品层出不穷，经常令人耳目一新。

在一家中外合资企业的总裁办公室的一张桌子上，摆放着一块写满了密密麻麻小字的大白板。这些密密麻麻的小字是公司员工的姓名和他们这一年的目标。这些目标多数不同，有的希望自己在这一年内能够晋升为主管，有的希望自己能够多挣些钱，有的希望能够掌握一门新技术，还有的希望将父母接到自己身边，等等。

为什么将这一块写满员工目标的白板摆在总裁办公室？是因为总裁在带领员工实现组织目标的同时，能够随时看到下属的个人愿望，以便努力让两者融合起来。对此，总裁这样说："正是由于每位员工的齐心协力、努力付出，组织才会生存发展下去。因此，作为领导者，我有义务和责任去帮助员工实现各自的愿望和目标。之所以摆放在这里，是因为如果能时刻关注员工的目标和期望值，并在适当的时候给予真心的帮助，那么，我想，员工赋予组织的将会是更多的付出。"

可见，上述的公司领导都深谙组织和个人目标融合之道，他们明白组织目标和个人目标是并行不悖的，是可以有效地融合在一起的。

实际上，很多企业意愿常常沦落成为领导者一个人的事，一个很重要的原因是领导者没能给员工提供看得见的好处，没有做到两者的统一。解决、突破的办法是找到企业与员工利益的一致性，展现出大家可以从逐级实现企业愿景过程中得到的价值以及利益。

黄河明在卸任惠普泰国公司总经理一职后，又被公司委任为台湾区董事长兼总经理。任职伊始，他就使出浑身解数，采取多种措施提高公司销售业绩，销售业绩逐渐得到提升。但是他发现公司不断有员工辞职。为了留住员工，他给予多种奖励和升迁的机会，但是这些举措并没有起到很好的效果，人才继续不断流失。

黄河明进行了深刻的反思，最后他终于明白了其中的原因。原来，长期以来他都是从企业的角度去衡量问题，以企业的愿景和利益为出发点。

这就忽略了员工自身的真实需求，致使员工看不到自己人生梦想的实现之路，无奈之下离职，谋求新路。

想清楚之后，黄河明进行了一些具有针对性的改革。改革的目的是将企业的愿景和个人的需求、梦想结合起来，让员工看到企业和自己的美好未来，同时还得到实实在在的奖励。新政颁布并实施几个月后，就取得了很好的效果，很少有人再提出辞职，而且较之以前，工作起来更加卖力。

很多领导者总抱有这样一种错误认识，认为自己的职责就是“管”好企业，“管”好员工，所以应当将大部分的精力用在组织架构、组织规章制度的制定与执行，以及组织成员的调配与控制上。

这种认识有失偏颇。固然，领导者应该“管”好上述这些，但仅仅做好了这些，还是不够的。社会在不断进步，人们的需求也在不断提高。大多数人都不仅仅只求温饱，他们有更高的追求，想要获得尊重和认可，想要获得能力和地位的提高。他们希望自己的工作有意义，有价值。这种情况下，就需要领导者用企业的愿景来引导员工和整个企业。

作为领导者，不应把目光紧紧盯在企业愿景上，而应站得更远，将个人的需求和梦想也囊括进自己的视野，并将两者很好地结合起来。这样企业才能获得长久发展，个人才能赢得信服和追随。

领导力箴言

◎领导者具备并树立了自己的“愿景”，可有助于员工更好地得到发展的设想与空间，让员工对公司和领导者更有认同和归属感。从而调动起员工更饱满的工作激情，使其更加努力地工作。

◎领导者一定要将个人梦想和企业愿景结合起来。两者结合的起点是将个人梦想融进企业的共同意愿中去。

◎领导者不应把目光紧紧盯在企业愿景上，而应站得更远，将个人的需求和梦想也囊括进自己的视野，并将两者很好地结合起来。

乔安妮·G.修詹姆斯

要不断地与你的员工进行交流，并向他们表达你对他们的期望。告诉他们你想要的、他们做得对的、你对他们的期望以及你是怎么来衡量他们的成绩的。与他们分享组织的使命与目标，这样，员工就会了解组织的发展蓝图。

4. 展现梦想，将愿景内化为领导力

愿景属于一种精神感召力。如果领导者仅仅只是将企业愿景整日挂在嘴边，而没有将其真正融入企业管理、产品研发与生产、员工培训等相关环节，就无法将愿景能量转化为实实在在的领导力，也就无法展现出应有的感召作用。

要将虚幻的企业愿景内化为实实在在的企业领导力，需要领导者很好地将企业愿景展现出来，并使其打动人、吸引人，并让人愿意为之贡献力量。

马云，阿里巴巴公司的创始人，这个在当今中国乃至全世界都有着极高影响力的人物，从一个普通的高校教师下海，用自己的梦想聚集了一批有梦想的优秀团队，并不断地给团队塑造一个又一个梦想。

阿里巴巴将自己使命定位为“让天底下没有难做的生意”，这是一个非常宏大的使命，为了不至于员工因此而迷失，在使命之外，阿里巴巴还有更为生动描绘的“目标与前景”。把阿里巴巴打造成有102年历史的公司，成为全国最佳雇主公司，在十年以内成为全球最大的电子商务公司，

这是马云的目标。

在2010年7月所做的汇报中，马云在阿里巴巴的目标中又提出“未来十年我们要为一千万家小企业解决生存、成长、发展平台，要为全世界解决一亿就业机会，为十亿人打造网上消费平台”。这样的未来前景生动而形象，并且让人热血沸腾。

值得一提的还有马云对于“不赚钱”的强调，在许多个不同场合马云都提到“忘掉赚钱”。例如在2007年2月集团会议讲话上，马云称“在一千亿目标没有实现之前，淘宝网、支付宝的主要目标还是一句话，忘掉赚钱。我们坚信我们一定能赚到钱……我们希望改变中国商业环境、促进创新及整个社会效率提高”。其实正如分析者所言，当阿里巴巴实现其10年内的目标与愿景时，要想赚钱已不难。

企业愿景内化为企业领导力不仅仅要求领导者善于展现和描述企业美景，更要求领导者要有实干精神。多数人才不会因为领导者精彩的愿景描述就真正怦然心动，抛弃一切。他们要看的是有市场竞争力的产品、切实可行的计划以及有望实现的远大目标。当这一切被他们认可，他们自然就会心动，因而也就会选择加入。因此，领导者不但要能说、会说，更要能做、会做。

将企业愿景内化为企业领导力的关键在于企业领导者。作为企业带头人的领导者，可以从以下4方面加强自身将虚幻的企业愿景转化为现实领导力的能力：

（1）勇于挑战、乐于挑战

企业愿景是企业的远大目标，从当前来看，可望而不可即，因此具有很大的挑战性。领导者要树立起强大的信心，坚信通过努力奋斗一定能实现企业愿景。此外，领导者一定要敢于打破常规，勇于挑战，乐于挑战，给下属做好表率作用。这样员工才会被鼓舞起斗志，也才会敢于做事，勇猛向前。

（2）思路清晰，行动果断

作为企业的领路人，领导者的思路一定要清晰，要对企业愿景有着清楚的认知，确知通往企业愿景的方向和道路，在此基础上，立足企业愿景，果断选择对实现企业愿景有利的道路，并坚定地走下去，避免受外界的干扰而改变行动。

（3）创造创新环境，以利于员工创新

企业愿景的主要作用之一是可以极大地激发出员工的创新潜力，因此，领导者要努力创造出有利于创新的环境，以利于员工的创新活动。对于这一点，领导者一定要重视起来。因为创新是企业发展的必由之路，特别是在当今全球经济一体化的大背景下，科技创新日新月异，企业没有创新，势必会走向灭亡。

（4）包容错误，给下属成长的机会

错误不可避免，特别是在创新的过程中，错误更是少不了。作为领导者，要清楚认识到这一点，对下属的错误秉持包容的态度，给下属成长的机会。

领导者一定不要一味指责下属、压制下属，否则会迫使下属对企业和领导者失去感情，与企业和领导者离心离德，从而动摇企业生存和发展的根本。

总之，企业领导者只有切切实实地将企业愿景内化为企业的领导力了，才能更好地鼓动起企业员工为企业发展贡献出自己的力量。从而有利于企业迅速实现变强变大的梦想，也由此才能帮助员工更好地实现个人梦想。

领导力箴言

◎领导者要很好地将企业愿景展现出来，并使其打动人、吸引人，并让人愿意为之贡献力量。

◎领导者的思路一定要清晰，要对企业愿景有着清楚的认知，确知通往企业愿景的方向和道路。

◎领导者一定不要一味指责下属、压制下属，否则会迫使下属对企业和领导者失去感情，与企业和领导者离心离德。

彼得·德鲁克

可以将经营目标比作轮船的罗盘。在实际航行中，轮船可以偏离航线很远，如果没有罗盘，轮船既找不到港口，也无法估算到达港口所需要的时间。

5. 前方有路，清楚规划出愿景的实现过程

共同愿景只是一个远大的目标，理论上适当的愿景对组织成员有巨大的号召力。但是领导者一定要给这个远大的目标规划出实现的过程，如若不然，会让员工产生迷茫和无所适从感，进而失去斗志和信心。

资源管理专家将实验人群分为三组，让这三组分别向20公里外的一个村庄徒步前进，看哪个组最先准确到达目的地。

第一组人员不知道村庄的名字和到达村庄的路程，他们能做的只能是按照自己的感觉与判断往目的地进发。

第二组人员了解的情况多些，他们知道村庄的名字和前往村庄的路程，但是所行的路上没有里程碑，他们只能凭借自己的经验和感觉去判断行程需要的时间和距离。

第三组人员待遇最好，他们不但详细知道前往村庄的名字以及距离、路线，而且在其所行的路上，每隔1公里就有一个路程牌供他们参考。

结果如下：

第一组人员刚走了几公里就有人退出了，他们不知道走了多远，也

不知道还要走多远，前路的迷茫让他们失去了信心。距离目的地两三公里时，又有一些人退出了，最终坚持走到终点的大约只有一半人左右。

第二组人员虽然知道村庄的名字和所要走的路程，但是同第一组一样，他们也不知道自己走了多远，还有多少路要走。一些人在中途离开，或者停下不走。当有人听说快要到了时，剩下的人才打起精神继续往前走，最后到达目的地的人也没有超过半数。

第三组人员，由于了解目的地和要行走的路程以及距离，而且还有里程碑做参考，知道自己走了多少距离。他们每走一公里就会感觉距离目的地又进了一步。所以他们满怀信心，意气风发，情绪十分高涨，很快就到达了目的地。

上述实验中，三个小组之所以有巨大的差别，就在于目标的实现清晰与否。目标是统一的，都是那个距离出发点20公里的村庄，但是差别在于第一个和第二个小组不知道到达目的地的路程和自己所走的距离。这样就处于一种迷茫的状态，逐渐丧失了斗志和信心，最终导致结果都不太理想。

第三组就不同了，他们清楚地知道去往目的地的路程、路线，以及自己所走的路程。这样他们就会朝着目标稳步前进，最终取得骄人的成绩。

与此类似，在一个很复杂的组织当中，如果在设定企业愿景时，没有同时规划出愿景的实现过程，那么还会使各级部门之间在进行决策时陷入无休止的争论之中，最后往往得不到一个正确的结果。因此，领导者在规划愿景时，一定要同时规划出愿景的实现过程。

可以想象，愿景的实现过程要分很多步骤走，这些实施步骤有一个先后次序的问题。也就是说愿景这个顶级目标要分解为若干个大目标，然后，这若干个大目标又分解为更多的小目标，最后再将这些小目标安排出合理的先后次序。

由于不能同时进行多个目标，也不可能将全部目标做好，因此有必要设定好目标的先后次序，再按照定好的次序逐步、逐级地实现。

由此，规划出愿景的实现过程，就是将愿景分解为大小目标，并将这些大小目标排序的过程。具体是：先分解，看看可以将愿景分解为哪些目标；然后再排序，看看先实现哪个目标，接着再实现哪个目标，然后又去实现哪个目标。分解排序好了，也就规划出愿景的实现过程了。

一定不要尝试同时去实现多个目标的做法。因为，如果同时实现多个目标，必然会导致员工发生混乱，弄不清到底要干什么，以及任务要达到哪种程度。结果会导致哪个目标都没有实现或者都没有达到想要的效果。

另外，多项目标齐头并进，容易让员工忙于各种不同的工作而失去重点。这会让员工发挥不出专长，变得平庸起来。同时，还会引起员工的不满情绪，导致消极怠工。

珍妮是一家大型财产及意外伤害险保险公司的中层领导，但是她却不知道公司的目标是什么。这很奇怪吧，但是却是事实。

珍妮猜测她的领导应该知道公司的目标。因为按照惯例，每年制定企业目标的时候，她们会事先给主管领导递交一份包括各种营销数据、目标竞争对手和保单业绩的分析报告。而主管领导则会在稍晚些的时候，告诉她们公司目标的情况。

这一次，主管领导在拿到行业分析报告时，告诉珍妮所在的部门，今年公司将重点放在顾客的满意度和服务人员持续的改进上。顾客的满意度和员工的持续改进确实是公司发展的重点，但这些都已经写在公司大厅的墙壁上，写在愿景宣言里，她们所有的顾客文件中也都有。这就让珍妮等人迷惑不已，不清楚公司的优先目标到底是什么。

同时，各部门也都有各自的常规目标要达成。而且，还有其他一些事情也都很重要，需要及时完成。这样就使珍妮等人更加迷茫，不知道该先做哪件事，先完成哪个目标。

这个保险公司虽然有共同愿景，但是却没有清晰地规划出愿景的实现过程，更没有清楚地向员工展现出实现愿景的进程，员工自然感到迷茫和气馁。这不能不说是领导者的失误。试问，这样的愿景又如何能实现呢？

有了愿景不一定能实现，关键还要设定出一个清晰的愿景实现过程，然后将这个实现过程向员工清楚地展现出来。只有这样，员工才能清楚公司的目标是什么，哪些是需要优先完成的目标，进而做好充分准备。

另外，领导者还要注意要根据情况的变化，随时对愿景的实现过程进行修订，使其适应新情况、新变化，始终保持可以有效实现愿景的积极状态。

领导力箴言

◎领导者一定要给组织的远大目标规划出实现的过程，否则，会让员工产生迷茫和无所适从感，并进而会失去斗志和信心。

◎领导者一定不要尝试同时去实现多个目标的做法。因为，如果同时实现多个目标，必然会导致员工发生混乱，弄不清到底要干什么。

◎领导者要根据情况的变化，随时对愿景的实现过程进行修订，使其适应新情况、新变化，始终保持可以有效实现愿景的积极状态。

沃伦·贝尼斯

员工培训是企业风险最小、受益最大的战略性投资。

6. 培训员工，让员工更出色

培训是一种有组织的知识传递、技能传递、信息传递，以及管理训诫行为，是给新员工或现有员工传授其完成本职工作所必需的正确思维认知、基本知识和技能的过程。

对企业而言，培训的意义在于为企业发展提供必要的人力支持，是企业发展的新动力，关系到企业的兴衰成败。因此，有远见的领导一贯非常重视这点，不惜花费大量的时间和金钱对员工进行相关培训。

卡拉扬是浙江一家很有名气的生产、销售箱包的企业。该企业的领导层始终坚持以人为本的管理理念，秉持让员工与企业共同成长、共同进步的原则，对员工进行职业生涯规划和人才培训。

对每一个正式录用的员工，卡拉扬先是协助他们制定自己的职业生涯规划，让他们明确自己的发展目标，然后再构建一整套培训、考核、晋升制度，努力保证员工按照规划好的道路发展提升。在执行的过程中，公司安排专门的人员对进度情况做监督，发现哪有什么问题和情况，及时谨慎处理，以保证员工沿着合理的方向发展。

同卡拉扬一样，零售巨头沃尔玛也非常注重对员工的培养，特别是重视普通员工的培养。在沃尔玛领导者眼里，每一个沃尔玛员工都是可塑之才，非常具有培养价值。

60%的沃尔玛管理者都是从小时工做起的，高学历、经验丰富的员工未必一定能引起领导者的认可和赏识。任何一个沃尔玛员工，不分身份、年龄、学历、背景的差别，都将受到无差别的培养，也都有机会得到提升，大家的机会均等。

正是通过这样的理念和模式，沃尔玛实现了有价值员工源源不断的供给，并由此缔造了商业奇迹。

对员工而言，可以把培训当作提高自身素质和技能的一条捷径，积极配合公司的培训，努力在培训中提升自己，然后努力工作，为公司贡献出自己的力量。

但是却有很多领导者认识不到培训的重大意义，认为培训是可有可无的，或者是徒为他人作嫁衣，再就是舍不得在这方面的财力支出，认为员工未必会认真学习，无法保证效果，总之，不看好、不重视培训。

显然，这种看法很片面，属于一种战略上的鼠目寸光，是对培训的重大误解。虽然企业可以从外部引进人才，但是如果不论大小职位，一概采用这种方式，则必然会使企业难以保持稳定。这一方面往往会使企业付出更多的工资成本，另一方面还潜藏着与企业价值观不合、随时跳槽的风险，同时，还会降低原有员工的工作热情和工作积极性，实在是弊端诸多。

员工培训不是一件简单的事，要想使培训达到理想的效果，作为领导者，一定要做好培训之前的准备工作，这样才可能使培训工作事半功倍。

（1）制定一套科学合理的培训体系

由于员工的职务和工作内容存在巨大差别，为了使培训收到应有的成效，领导者一定要根据具体情况，制订出一套科学合理的培训体系，以适应不同层次和类型员工的需求。

可以根据职务的不同，分为文员、组长、经理培训；也可以按照不同的工作性质，分为财务、营销、企划、管理、人事等方面的培训；也可根据特殊情况，进行特别培训。

（2）提供必要的支持和帮助

培训涉及很多方面，如果不提供一些必要的支持和帮助，培训就很难顺利开展下去。这就要求领导者为员工培训提供各种必要的保证。包括培训设施的投入、培训时间的保证，以及培训费用的支出等。如IBM公司保证每个员工每年至少有40个小时在教室接受培训的时间；在施乐公司，员工工资总额的5%到10%被用于员工培训；西门子公司有专门的“学徒基金”用于员工培训。

（3）确保培训有实际效用

员工培训是出于工作需要而对员工进行的再教育行为。因此领导者要确保培训有实际的效用，而不能光凭意愿和热情。

这要求在培训前，领导者要做到知道哪些人需要接受培训，哪些人真正能够从所接受的培训中学到需要的知识和技能，培训的具体目标是什么，需要提高整个团队哪些方面的能力。如果不清楚这些，则间接说明此次的培训效果不会太理想。

（4）让员工愿意接受培训

有些员工出于各种原因，不想接受新任务，也不想接受培训。作为领导者要事前了解清楚这些情况，对那些不愿接受培训的员工进行思想教育，想方设法激发出他们的培训愿望，使他们愿意接受培训。

可以通过几方面来实现让员工愿意接受培训的目的：一是与员工分享绩效评价信息；二是与员工进行个人职业生涯实现途径的探讨；三是与员工进行对自身技能优劣的评价。

通过这些方式，向员工说明培训的必要性，让员工明白培训是一件既利人又利己的好事，要愉快接受。相信经过交流，多数员工都会乐于接受培训。

企业的发展强大离不开员工个人素质和能力的提升。所以，领导者要摒弃那些关于培训的偏见，端正态度，努力打造一套完善的人才培养系统，全面保证所有员工都有机会得到学习，得到提升。这样才更有利于企业的发展和个人梦想的实现。

领导力箴言

◎领导者要重视对员工的培训，不惜花费大量的时间和金钱对员工进行相关培训。

◎培训前，领导者要做到知道哪些人需要接受培训，哪些人真正能够从所接受的培训中学到需要的知识和技能。

◎领导者要摒弃关于培训的偏见，端正态度，努力打造一套完善的人才培养系统，全面保证所有员工都有机会得到学习，得到提升。这样才更有利于企业的发展和个人梦想的实现。

彼得·圣吉

领导是教师，能不断帮助人们看清事实，促进每个人学习。

7. 教化下属，提升下属综合素质

一位优秀的领导者并不仅仅是一位可以为组织带来效益的专家，还应该是一位可以教化下属，使下属成为优秀员工的教练。

与教育相比，教化既向人们正面灌输道理，又注意结合日常活动，使人们在不知不觉中明白事理，其效果要比单纯的教育深刻而又牢固得多。

正因为如此，自古以来凡是有见识的政治家都非常重视教化的作用，把教化当作正风俗、治国家的重要国策。《礼记·经解》中云："故礼之教化也微，其止邪也于未形。"西汉贾谊把教化比作阻止洪水的堤防，可见教化的巨大功效。

一个有着超凡见识的领导者，十分清楚自己的职责之一，就是千方百计教化下属，努力提升下属的素质，最终将下属培养成为高素质的有用人才，然后相助自己。那些平日里总是想尽办法去奴役他人，想从对方那里获得无尽好处的领导是最为愚蠢的。

对于员工而言，绝大多数员工都渴望自己在跟随领导的过程中，学到知识，学到本领，水平能有大幅度的提高。如果情形真如他所愿，从领导那儿学到了真实本领，那么他会非常愿意跟随这位领导，对领导表现出一种深深的依赖。

有相当一部分领导有一种认识上的误区，他们担心下属被自己教化好后，有朝一日会取代自己的领导地位。实际上，这种认识犯了方向性的错误，下属被教化好，能力得到提升，说明领导教导有方。下属的能力越强，领导者的绩效也就越大，两者呈正相关。从这个意义上说，领导者培育下属是非常有必要的。

此外，领导者将会因此获得更多的时间去学习，去提升自己，使自己具备更强的能力。与此同时，获得进步的下属也会变得更有自信，并往往会对领导者心存感激。

还有，很少有领导因为出色地培养出下属而被取代和解雇。如果真是那样的话，谁也不会再轻易去教导任何人。这样不明智的事，只有那些目光短浅的组织做得出来。所以，准备培养下属的领导者大可不必为此忧心忡忡。

愿意教化下属，并进而提升自己成就的领导者通常被称为教练式领导者。整体上看，教练式领导者教化下属一般从两方面来进行，一是要从下属的思想意识入手，教化好下属思想，调整好下属状态；二是把解决问题的知识和技巧告诉下属，并督促下属执行解决方案。简单来说，就是引导下属愿意做和指导下属如何做。

从思想上教化下属是非常重要而且必要的，因为这关系到让下属认同组织、认同自己。

领导对下属的思想教化，主要是以组织的价值观去影响下属的价值观，使其认同组织价值观，最终让组织拥有共同的牢固的思想基石。为此，领导者总是不遗余力地花大量时间去树立组织价值观，总是不停地宣扬组织价值观。他们用自身的行为去体现价值观，并不断地鼓励别人来检查、监督他的行动。

领导者尊重下属的多样性，但同时，强调下属的多样性需在组织价值观的框架之内，以此来保证组织内的一致性。

当组织价值观得到组织成员的认同，也就是说组织成员有了一个共同的价值观之后，组织成员就有了一个共同协作的基础。这时，就会产生巨大的能量，组织成员的热情和动力会被进一步提高，工作效率也就自然能够得到提升。

将解决问题的知识和技巧告诉下属，需要刺激下属的学习欲望。如果下属没有任何学习的欲望，则很难强迫他学习，即使强迫成功，效果也不会好。所以需要想方设法刺激下属的学习欲望。

下属通常是沿着领导者的脚印前进的，所以领导者要做好下属效仿的榜样。具体来说，就是领导者不是直接告诉下属怎么做，而是自己去学习，去实践。这样会激发出下属的求知欲望，使其自觉去学习。

对于有学习欲望和被激发出学习欲望的下属，领导者可以给予真诚耐心的教导，不要表现出不耐烦，以免使事情半途而废。

在教化下属的时候，领导者要注意因材施教，不要武断地认为其朽木不可雕，实际上没有谁是真正的朽木，只要训练得法，都可以成才。如果领导者真的视他们为朽木、包袱或绊脚石，阻碍了组织的进步，就可能让他们变得自暴自弃，不思进取。严重者，还会由此对组织和领导者失望，还可能怀恨在心。这显然是领导者的失败。

正确的做法是，领导者不但不应该“遗弃”他们，反而还要多花费气力帮助他们取得进步、实现梦想。

领导力箴言

◎领导者的职责之一就是千方百计教化下属，努力提升下属的素质，最终将下属培养成为高素质的有用人才。

◎领导者要以组织的价值观去影响下属的价值观，使其认同组织价值观，最终让组织拥有共同的牢固的思想基石。

◎领导者不应该“遗弃”那些落后者，反而还要多花费气力帮助他们取得进步、实现梦想。

后记

两军相逢，智者胜——领导者思想制胜

智者，原先泛指聪明并具有某种知识技能的人，后泛指有智慧的人，即智商和情商都高的人。现在是知识经济时代，社会财富与资源，注定要掌握在那些有着丰富知识和超凡智慧的人手中。

一个领导者最大的财富就是他与众不同的思想，这也是他所在组织最为宝贵的资产。衡量一个现代组织的领导者是否卓越、是否有领导力，不仅仅要看其是否具备一般领导的才干与能力，更要看其是否有一颗有思想、有知识、有信息的智慧头脑。

试想一下，如果一开始接触，下属就发现自己的领导有着独特的、无与伦比的思想，能够镇住自己，那么下属自然就会心服口服，愿意臣服在其领导下，唯其马首是瞻。反之，下属发现领导的思想很平庸，甚至还不如自己，那他怎么会甘心服从于一个跟自己差不多，甚至不如自己的人？这也就注定了该领导者日后的领导工作将会困难重重。

这里之所以强调领导者的思想，是因为它的重要性。正所谓，思想决定行动，正确的思想才能导引出正确的行动，要想做得对，

先要想得对，要想做得到，必须想得到。对于一个领导者而言，如果其思想与一个下属的思想没有什么区别，那么又将依靠什么服众。所以说领导者的思想至关重要。

两军相逢，智者胜。“智”是什么？是谋略。谋略是什么？就是思想。思想决定出路，思想决定发展，没有创新的思想，就没有出路，就没有发展。

这里面涉及知识，培根说“知识就是力量”。这句名言只就知识的价值和作用而言，确实是千真万确的。但是如果放开了来看，则会有些“变味”，这话如何理解呢？这里不做深度剖析，只问一句，如果知识在没有头脑、没有思想的人手中，还能有效转化为力量吗？只能依旧是知识而已。

不是经常报道一些有知识、有文化的领导者带领团队发挥所长，却把组织带到了“悬崖”边缘，其原因何在？除去其他原因，没有头脑、没有思想是最大的原因。

由此看来，知识只有在思想的正确导引下，才能体现出真正的价值，才能彰显出力量。也由此，培根的这句“知识就是力量”的名言，可以改为“知识+思想=力量”。

现代新型领导者，更加注重对知识和人才的管理，更加重视组织内外相关人才的智囊作用，其目的就是最大限度地挖掘出企业人才的智力，为企业更好地服务。

总之，在现代知识经济时代，领导者要做到的就是以思想制胜，以思想做武器，夺取组织和个人的发展空间，谋求突破和发展。